U0827070

高新技术科普丛书（第2辑）

主编　邓院昌

天眼如梭织绿道

——智能交通技术与应用

廣東省出版集團
广东科技出版社
·广州·

图书在版编目（CIP）数据

天眼如梭织绿道：智能交通技术与应用 / 邓院昌主编 . —广州：广东科技出版社，2013. 10
（高新技术科普丛书 . 第 2 辑）
ISBN 978-7-5359-6317-8

Ⅰ . ①天…　Ⅱ . ①邓…　Ⅲ . ①交通运输管理—自动化系统—普及读物　Ⅳ . ① U495

中国版本图书馆 CIP 数据核字（2013）第 186395 号

责任编辑：陈毅华　吴丽霞
美术总监：林少娟
版式设计：黄海波（阳光设计工作室）
责任校对：冯思婧
责任印制：罗华之

天眼如梭织绿道

——智能交通技术与应用

Tianyan Rusuo Zhi Lüdao
——Zhineng Jiaotong Jishu Yu Yingyong

出版发行：广东科技出版社
（广州市环市东路水荫路 11 号　邮政编码：510075）
http://www.gdstp.com.cn
E-mail: gdkjyxb@gdstp.com.cn（营销中心）
E-mail: gdkjzbb@gdstp.com.cn（总编办）
经　　销：广东新华发行集团股份有限公司
印　　刷：广州市岭美彩印有限公司
（广州市荔湾区花地大道南海南工商贸易区 A 幢　邮政编码：510385）
规　　格：889mm×1 194mm　1/32　印张 5　字数 120 千
版　　次：2013 年 10 月第 1 版
2013 年 10 月第 1 次印刷
定　　价：23.80 元

《高新技术科普丛书》（第2辑）编委会

本套丛书由广州市科技和信息化局、广州市科技进步基金会资助创作和出版

序一

精彩绝伦的广州亚运会开幕式，流光溢彩、美轮美奂的广州灯光夜景，令广州一夜成名，也充分展示了广州在高新技术发展中取得的成就。这种高新科技与艺术的完美结合，在受到世界各国传媒和亚运会来宾的热烈赞扬的同时，也使广州人民倍感自豪，并唤起了公众科技创新的意识和对科技创新的关注。

广州，这座南中国最具活力的现代化城市，诞生了中国第一家免费电子邮局；拥有全国城市中位列第一的网民数量；广州的装备制造、生物医药、电子信息等高新技术产业发展迅猛，将这些高新技术知识普及给公众，以提高公众的科学素养，具有现实和深远的意义，也是我们科学工作者责无旁贷的历史使命。为此，广州市科技和信息化局与广州市科技进步基金会资助推出《高新技术科普丛书》。这又是广州一件有重大意义的科普盛事，这将为人们提供打开科学大门、了解高新技术的“金钥匙”。

丛书内容包括生物医学、电子信息以及新能源、新材料等板块，有《量体裁药不是梦——从基因到个体化用药》《网事真不如烟——互联网的现在与未来》《上天入地觅“新能”——新能源和可再生能源》《探“显”之旅——近代平板显示技术》《七彩霓裳新光源——LED与现代生活》以及关于干细胞、生物导弹、分子诊断、基因药物、软件、物联网、数字家庭、新材料、电动汽车等多方面的图书。以后还要按照高新技术的新发展，继续编创出版新的高新技术科普图书。

我长期从事医学科研和临床医学工作，深深了解生物医学对于今后医学发展的划时代意义，深知医学是与人文科学联系最密切的一门学科。因此，在宣传高新科技知识的同时，要注意与人文思想相结合。传播科学知识，不能视为单纯的自然科学，必须融汇人文科学的知识。这些科普图书正是秉持这样的理念，把人文科学融汇于全书的字里行间，让读者爱不释手。

丛书采用了吸收新闻元素、流行元素并予以创新的写法，充分体现了海纳百川、兼收并蓄的岭南文化特色。并按照当今“读图时代”的理念，加插了大量故事化、生活化的生动活泼的插图，把复杂的科技原理变成浅显易懂的图解，使整套丛书集科学性、通俗性、趣味性、艺术性于一体，美不胜收。

我一向认为，科技知识深奥广博，又与千家万户息息相关。因此科普工作与科研工作一样重要，唯有用科研的精神和态度来对待科普创作，才有可能出精品。用准确生动、深入浅出的形式，把深奥的科技知识和精邃的科学方法向大众传播，使大众读得懂、喜欢读，并有所感悟，这是我本人多年来一直最想做的事情之一。

我欣喜地看到，广东省科普作家协会的专家们与来自广州地区研发单位的作者们一道，在这方面成功地开创了一条科普创作新路。我衷心祝愿广州市的科普工作和科普创作不断取得更大的成就！

中国工程院院士 钟南山

序二

让高新科学技术星火燎原

21世纪第二个十年伊始，广州就迎来喜事连连。广州亚运会成功举办，这是亚洲体育界的盛事；《高新技术科普丛书》面世，这是广州科普界的喜事。

改革开放30多年来，广州在经济、科技、文化等各方面都取得了惊人的飞跃发展，城市面貌也变得越来越美。手机、电脑、互联网、液晶电视大屏幕、风光互补路灯等高新技术产品遍布广州，让广大人民群众的生活变得越来越美好，学习和工作越来越方便；同时，也激发了人们，特别是青少年对科学的向往和对高新技术的好奇心。所有这些都使广州形成了关注科技进步的社会氛围。

然而，如果仅限于以上对高新技术产品的感性认识，那还是远远不够的。广州要在21世纪继续保持和发挥全国领先的作用，最重要的是要培养出在科学领域敢于突破、敢于独创的领军人才，以及在高新技术研究开发领域勇于创新的尖端人才。

那么，怎样才能培养出拔尖的优秀人才呢？我想，著名科学家爱因斯坦在他的“自传”里写的一段话就很有启发意义：“在12～16岁的时候，我熟悉了基础数学，包括微积分原理。这时，我幸运地接触到一些书，它们在逻辑严密性方面并不太严格，但是能够简单明了地突出基本思想。”他还明确地点出了其中的一本书：

“我还幸运地从一部卓越的通俗读物（伯恩斯坦的《自然科学通俗读本》）中知道了整个自然领域里的主要成果和方法，这部著作几乎完全局限于定性的叙述，这是一部我聚精会神地阅读了的著作。”——实际上，除了爱因斯坦以外，有许多著名科学家（以至社会科学家、文学家等），也都曾满怀感激地回忆过令他们的人生轨迹指向杰出和伟大的科普图书。

由此可见，广州市科技和信息化局与广州市科技进步基金会，联袂组织奋斗在科研与开发一线的科技人员创作本专业的科普图书，并邀请广东科普作家指导创作，这对广州今后的科技创新和人才培养，是一件具有深远战略意义的大事。

这套丛书的内容涵盖电子信息、新能源、新材料以及生物医学等领域，这些学科及其产业，都是近年来广州重点发展并取得较大成就的高新科技亮点。因此这套丛书不仅将普及科学知识，宣传广州高新技术研究和开发的成就，同时也将激励科技人员去抢占更高的科技制高点，为广州今后的科技、经济、社会全面发展作出更大贡献，并进一步推动广州的科技普及和科普创作事业发展，在全社会营造出有利于科技创新的良好氛围，促进优秀科技人才的茁壮成长，为广州在21世纪再创高科技辉煌打下坚实的基础！

中国科学院院士 张景中

前言

交通问题是人们关注的热点问题之一，这是因为我们迫切需要一个高效的交通系统，让我们享受到各种生活的便利并有效地支撑经济和社会的快速发展。但交通的快速发展也会带来一系列负面影响，而这些影响又是我们每天都能亲身体验到的。

智能交通是安全、高效和环保的交通系统发展的必然途径，它是信息通信、计算机等高新技术与传统交通运输技术的融合。我们是否有留意到，各种各样的智能交通技术及应用正植入到交通系统的各个部分，为构建一个安全、高效和环保的交通运输系统发挥着重要作用。

本书简单回顾了人类社会交通发展的历史，并阐述了智能交通产生和发展的背景。同时以通俗易懂的方式剖析智能交通中常见的支撑技术——交通信息的采集技术、交通信息处理及发布技术、交通信号控制与仿真技术、电子收费技术等。本书通过大量日常生活中的小故事，列举了智能交通技术的应用，包括：交通信息服务、车辆导航、车辆监控与调度、公交优先、道路紧急救援、车辆辅助驾驶与安全。最后，书中还畅想了未来智能交通的发展。

广州市是国内首批智能交通系统（ITS）应用示范工程试点城市之一，作为广州市高技术科普丛书之一，我们也简要地介绍了广州市近年来在智能交通建设和应用的情况，以及其智能交通建设规划概要。

本书取材新颖、案例丰富，各章节的内容相对独立，读者既可以顺序地阅读，也可以挑自己感兴趣的内容阅读。我们相信通过本书，能使广大读者对智能交通技术和应用有一个全面的认识。

CONTENTS
目录

一　交通运输的前世今生

二　形形色色的智能汽车

三 无所不知的智能交通技术

四 无处不在的智能交通应用

五 未来的智能交通

一　交通运输的前世今生

小故事

我国先民对车辆的应用

自古以来，我国有不少记录车辆的故事，表达了我们先民对车辆的关注。

在记述我国古代神话故事的《山海经·海外西经》中，有奇肱国人的故事。故事说奇肱国人只有一只胳膊，却有3只眼睛，他们很喜欢吃飞禽，因此制作了“飞车”来代步和捕鸟。“飞车”的轮子像今天小孩玩的纸风车，可以被风吹着升空，飞到很远的地方。据说在商汤时代有奇肱国人的“飞车”被西风吹到了豫州地界降落，“飞车”被汤破坏，无法回去，但奇肱国人又造了新的“飞车”，10年后东风大作，他们立即乘“飞车”回去了。

此外，还有关于5000多年前黄帝造指南车在弥天大雾中战胜蚩尤的故事，三国时期诸葛亮造木牛流马在崎岖山道上运送军粮与北魏作战的故事等。由此可见，在我国古代，尽管车辆的结构还很原始，但其应用却已从代步扩大到运输和军事的用途上。

约100万年前，地球上出现了原始人，当时在大自然面前，他们是那样的渺小，与周围猛兽相比。是那样的不堪一击。要想生存下去，必须有足够的力量与猎物相拼。工具的出现，弥补了人类先天的不足，使他们生存了下来。在这一发展过程中，交通工具应运而生，从轮的起步、舟的出现、畜力工具的发展，到繁盛的汽车时代、发达的铁路和空运。人类的生活发生了翻天覆地的变化。

1 交通运输的历史演变

它们从远古走来——交通工具的变革

交通工具是指一切人造的用于代步或货物运输的装置，是现代人生活中不可或缺的一部分。随着科学技术的进步，我们周围的交通工具越来越多，例如自行车、汽车、轮船、火车和飞机等。这些给每一个人的生活都带来了极大的方便。那么，交通工具是从什么时候才开始有的？为什么会出现呢？

在远古时代，人类还没有“交通工具”之说。那时人们主要是靠步行来相互走访联系。随后轿子、马车等人力或畜力交通工具逐步出现。之后不久，轮船等水上交通工具慢慢成形。再后，汽车、火车和飞机相继发明与应用，成为现代社会交通工具的主流。下面以我国为例，从陆上交通、水上交通、空中交通三个方面重点看看我国交通工具的演变历程。

（1）陆上交通工具的发展。我国最早的陆上交通工具是畜力车。鸦片战争后，黄包车从国外引入中国。1902 年左右，上海出现了汽车，之后不少城市开始建造无轨电车系统。新中国诞生后，吉林长春第一汽车制造厂首次生产出“解放牌”载重汽车，标志着中国汽车工业的诞生。19 世纪 80 年代初，清政府从国外引进蒸汽机车。新中国成立后，国产“解放”型蒸汽机车开始取代进口蒸汽机车。后来，中国成功制造第一台内燃机车，现在我国已普遍使用内燃机车和电力机车，高速列车和磁悬浮列车也已经崭露头角，中国铁路已经开启了“追风时代”。

（2）水上交通工具的发展。在陆上交通工具发展的同时，水上交通工具也逐渐成形，从人力划的板船到风力带动的帆船，再发展到以蒸汽机为动力的汽船、轮船。我国早在唐朝就出现了桨轮船，后来螺旋桨推进器取代了桨轮。今天随着时代的进步，新型的水上交通工具也将不断出现，如水上自行车、水上摩托车、水上飞机等。目前，广州的水上巴士交通服务正不断完善，集交通、旅游于一体的水上巴士丰富了广州市民的物质和文化生活。

（3）空中交通工具的发展。空中交通工具的发展从最初的滑翔机到飞机，再发展到探空火箭、航天飞船。1909 年，我国第一架飞机试飞成功，标志着中国航空事业的开启。之后，中国首条空中航线——北京至天津航线开通，拉开了中国民航的序幕。飞机的发明，使人们在普遍受益的情况下又产生了新的不满足，于是有人开始研究直升机、探空火箭和航天飞船等。1970 年，我国首次由“长征一号”火箭成功发射“东方红 -1 号”人造卫星；直至目前，我国已正式发射过的长征运载火箭已达近 10 种，如“长征一号”“长征二号”“长征二号丙”等。

如今，我们已经进入了一个崭新的交通时代——风驰电掣的小轿车，朝发夕至的高铁，翱翔苍穹的民航客机以及驰骋万里的豪华游轮，都大大缩短了人们之间的距离；火箭和航天飞船的发明，使人类探索另一个星球的梦想成为现实。也许在不远的将来，我们可以到太空中去旅行观光，我们的孩子可以到另一个星球去学习和生活。

小知识

近代交通工具的发明

1649年，德国钟表匠赫丘按照达·芬奇留下的设计图纸，试制出了世界上第一辆真正的自行车。

1769年，世界第一辆蒸汽汽车在法国诞生——法国陆军技术军官尼克拉·约瑟夫·库格诺用了6年的时间制成了世界上第一辆具有实用价值的蒸汽汽车。

1803年，美国人罗伯特·富尔顿在巴黎发明了第一艘以瓦特蒸汽机为动力、以桨轮为推进方式的船，并于同年在塞纳河试航，从而揭开了汽船时代的序幕。

1814年，英国人斯蒂芬逊制造出世界上第一辆蒸汽机车。

1883年，德国人戈特利布·戴姆勒发明了世界上第一台高压缩比的内燃发动机，成为现代汽车发动机的鼻祖。

1885年，戴姆勒把他的单缸发动机装到自行车上，制成了世界上第一辆摩托车。接着，戴姆勒在一辆四轮马车上装上发动机，这便是世界上最早的四轮汽油内燃机汽车。

1888年，英国罗孚公司研制了试验性的电动自行车。

1903 年，美国威尔伯·莱特和奥维尔·莱特兄弟发明了世界上第一架载人动力飞机——“飞行者 1 号”。

1968 年，苏联成功制造出图 144 超音速客机并试飞成功。

1994 年，日本雅马哈公司正式推出电动自行车。

……

天涯若比邻——运输效率的提高

随着经济的发展和技术的进步，交通运输系统发生了日新月异的变化，把遥远的距离拉得越来越近，使百姓的出行也越来越方便和越来越快捷。

青藏铁路通车了，乘火车去拉萨的梦想实现了；火车提速了，从西安到北京实现了朝发暮至了；高铁开通了，从广州到武汉 1 000 多千米的路程 4 个小时即可抵达，从北京到天津仅需 28 分钟就到了。全国的高速公路已经密如蛛网，四通八达。民航航线和航班不断增多，票价也越来越便宜，飞机已经成为大众化的交通工具。

在我们生活的城市里，公交线路正不断增多了，交通基础设施也不断得到改善。出租车招手即停，私家车川流不息，地铁、轻轨等新型交通工具网络的不断完

善，正是由于这些伟大的发明，令我们今天出行如此方便快捷。地球在我们眼中变得越来越小，周游列国将不再是梦。

我不再是你的唯一——交通方式的多样化

不同的交通方式有不同的特点：

铁路运输的优点是运量大，速度快，运费较低，受自然因素影响小，连续性好；缺点是造价高，消耗金属材料多，占地广，建设周期长和短途运输成本高。它较适合运输大宗、笨重、需长途运输的货物，如矿石、金属或牲畜等。

公路运输的优点是机动灵活，周转速度快，装卸方便，对自然条件适应性强；但运量小，耗能大，成本高和运费较贵。适合运输短程、量小的货物。

水路运输的优点是运量大，投资少，运费成本低；缺点是运送速度慢，灵活性和连续性差，且受自然条件限制较大。较适合运输大宗、远程和时间要求不高的货物，如粮食和矿产品等。

航空运输的优点是速度快，机动灵活，运输效率高；缺点是运量小，能耗大，运费高，且设备投资大，技术要求严格。较适合运输急需、量小、贵重的货物，如急救药品等。

管道运输的优点是运量大、损耗小、平稳安全、连续性强和管理方便；但需要铺设专门管道，设备投资大和灵活性差，仅限于液体。较适合运输液态或气态货物，如石油和天然气等。

为什么会出现多种交通运输方式呢？这是为了满足人们不同的出行和货运需求，由于不同的交通运输方式有不同的特点，人们才有了多样化的选择。以城市居民日常出行为例，我们可以选择的方式包括公共交通、私人小汽车或自行车等。

目前，我国城市的公共交通往往不能完全地满足人们的出行需求，许多人出行时选择了小汽车或非机动车。由于摩托车在大城市多被禁行，越来越多的人把小汽车当作主要的出行工具。非机动车出行主要为自行车，在沿海城市间一般都有相应的客船班次，但坐船并不是人们的第一选择，水运通常用于货运。城际间往来最常用的是列车，中国的铁路网以“八纵八横”为重点进行建设，形成了畅通合理的铁路路网。近年来，高铁也渐渐进入人们的视线，高铁的优点是快速和高效，目前国内已有京津城际、昌九城际、石太客运专线、长吉城际铁路、胶济客运专线、沪宁高铁、武广客运专线、广珠城际铁路等高铁线路。在普通列车满员的情况下，动车、高铁和飞机等已成为了人们出行的工具。

不过，随着汽车保有量的增加，越来越多的城市交通变得拥挤不堪，大力发展公共交通被认为是交通发展的必然趋势，广州市近年来也加大公共交通建设的力度。截至 2011 年底，广州地铁、公交车、出租车已形成较为完善的服务网络：

（1）**公交车**。广州市共有公交企业 4 家，公共汽（电）车 1 万多辆，公交线路约 900 条，其中，大巴线路 450 条、中小巴线路 224 条，线路总长度 11 317 千米。

（2）**地铁**。广州市目前共开通地铁线路 8 条，运营里程 236 千米（含广佛线佛山段），高峰期上线列车 176 列，设站 144 个。

（3）出租车。广州市目前共有出租汽车企业 65 家，车辆 20 389 辆（含 1 000 辆早晚高峰运力车辆），其中，2011 年又投放了 1 000 辆用于高峰时段运力出租车，采取“高峰期”营运模式，很大程度上解决了高峰期运力薄弱的问题。

（4）水上公共交通。广州现有水上巴士等过江轮渡航线 13 条，车渡航线 1 条，水上巴士线路 8 条，营运轮渡船只 26 艘，日均客运量 5.2 万人次，占城市公共交通方式出行总量的 0.4%。

城市公共交通出行总量比例

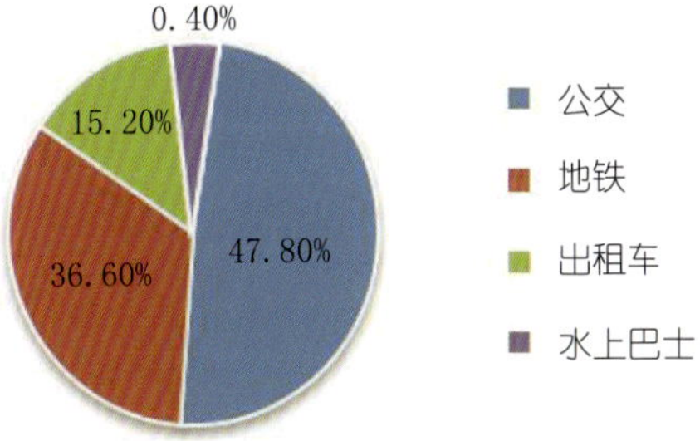

日均客运量

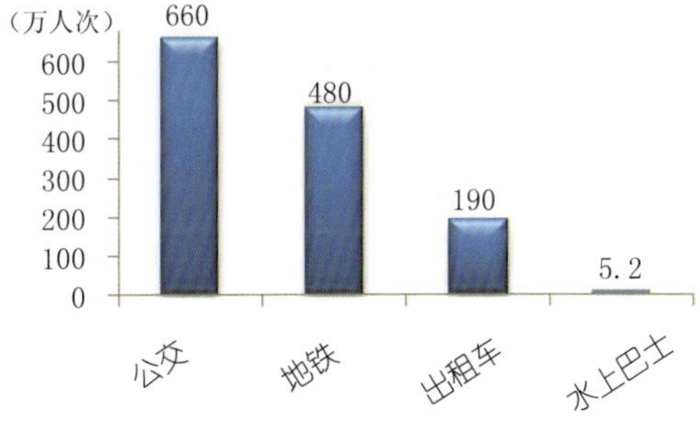

2 交通发展的现实之痛

居高不下的交通安全事故

交通事故是指车辆在道路上因过错或者意外而造成人身伤亡或者财产损失的事件，交通事故发生的主观原因是机动车驾驶人和行人等交通参与者相关的因素；客观原因是车辆技术状况、道路状况及环境因素的影响等。

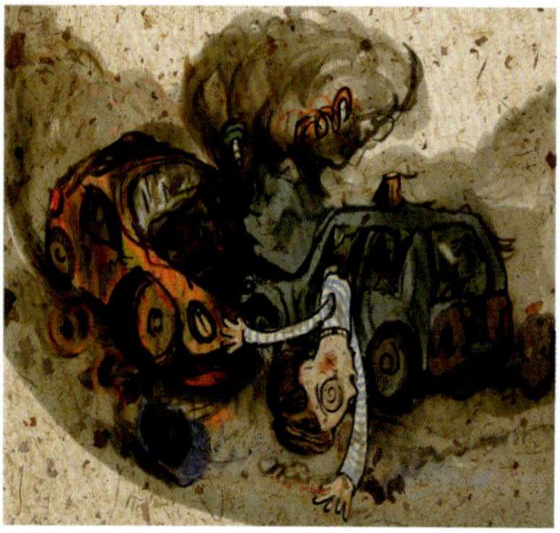

自从汽车问世以来，全世界死于交通事故的人数已有4亿～5亿人，远远超过了两次世界大战中丧生的总人数，因此，交通事故已被世界各国公认为威胁人类安全的公害。而且随着汽车数量的增加，社会机动化程度的提高，交通事故越来越多。20世纪80年代以来，全世界每年大约有50万人死于交通事故，1 000多万人在交通事故中受伤，而我国道路交通事故发生宗数和死亡人数连续几年都居世界第一。近年来随着我国的交通运输量和汽车保有量迅猛增长，交通事故所造成的人员伤亡、财产损失也在急剧增加，给国家造成了巨大的经济损失，严重干扰了人们的生活，影响经济的发展和社会的稳定。根据我国公安部交通管理局统计，2011年全国共发生涉及人员伤亡的道路交通事故210 812起，造成62 387人死亡、237 421人受伤。全年发生一次死亡10人以上的特大道路交通事故27起，造成451人死亡。其中，大中型客货车引发的特大道路交通事故23起，造成390人死亡。违法停车、占道行驶、超速行驶、疲劳驾驶和酒后驾驶，这些都是交通事故发生的主观原因。目前我国在交通建设、管理体制方面的不完善，使道路交通安全管理职能得不到良好的发挥。国内相当一部分高速公路在建造过程中忽视了交通安全基础设施的建设，缺少必要的报警电话和停靠场所等，这些都是交通事故发生的客观原因。

小知识

我国交通事故的分类

（1）轻微事故。一次造成轻伤1~2人，或者财产损失机动车事故不足1 000元，非机动车事故不足200元的事故。

（2）一般事故。一次造成重伤1~2人，或者轻伤3人以上，或者财产损失不足3万元的事故。

（3）重大事故。一次造成死亡1~2人，或者重伤3人以上10人以下，或者财产损失3万元以上不足6万元的事故。

（4）特大事故。一次造成死亡3人以上，或者重伤11人以上，或者死亡1人，同时重伤8人以上，或者死亡2人，同时重伤5人以上，或者财产损失6万元以上的事故。

愈演愈烈的城市交通拥堵

近年来，随着我国机动车保有量和交通需求的大幅增加，道路拥挤、交通拥堵和行车混乱等现象有增无减。尤其是在城市上下班的高峰期，路上汽车更是龟速而行。有调查表明，我国百万人口以上城市有80%的路段和90%的路口通行能力已接近极限，机动车的平均时速已由20世纪60年代的30千米/小时降到目前的10~13千米/小时，行车环境严重恶化。城市的交通拥堵最经常发生的是在上下班高峰期，而城际间的交通拥堵常常与出行组织和管理有关。

2012 年中秋和国庆双节，广深、广珠等高速公路上持续了几十个小时的道路拥堵，平时只需 2～3 个小时的路程，在那几天则需要 1～2 天，令驾驶人大为反感。每逢春节前后，出行人数就急剧增加，也给交通运输带来了极大的压力。

交通拥堵已成为全球性的城市病，犹如人身上的毒瘤，不但造成了巨额的经济损失，也严重地影响社会经济的发展。如造成交通延误、能耗上升、城市环境恶化、交通事故多发，严重影响了人们的工作效率和身体健康。

造成城市交通拥堵的主要原因有哪些呢？

一是机动车保有量增长过快。中国汽车销量连年增加，私家车保有量迅速攀升。根据公安部交通管理局 2010 年发布的数据，我国机动车保有量已达 1.99 亿辆，其中汽车 8 500 多万辆，每年新增机动车 2 000 多万辆。

二是大容量、快捷的公共交通严重不足。对交通工具需求高的一部分人便选择轿车、出租车或小巴出行，导致大城市公共交通承担的运输比重低。

三是城市发展过于集中，土地利用与交通规划不协调。导致交通流量的时空分布比例失调，中心城区交通流量大约为近郊区的 4~5 倍。

四是路网结构不合理。大部分城市路网仍处于网络稀，支线和次干道少于主干道的“倒金字塔形”状态。

五是交通设施陈旧落后，不能适应现代交通管理的形势和要求。国内许多大城市都是拥有数千年历史的文化名城，城市的格局显然无法考虑到今天的交通状况。

六是停车设施不足。按专家测算，社会公共停车位不应少于车辆总量的 10%，而现实与之相差甚远，导致大部分车辆在道路上乱停乱放，严重影响了道路通行能力。

不容忽视的交通能源消耗

地球的能源储存量是有限的，现有的石油、天然气、煤等资源在不久的将来也将会用完。交通行业是高能耗行业，交通运输是汽油、煤油、柴油和燃料油等成品油的消耗大户。交通运输的能源消耗中，油量消耗约占近 70%，电能消耗约占 20%，其余部分为天然气、乙醇等。未来十年，交通运输能源消耗总量将进一步攀升，虽然能源消耗结构会得到一定程度的优化，电能消耗比重会迅速增长，但目前较难从根本上改善交通运输以油耗为主的结构特点。

我国机动车燃油消耗每年超过亿吨，而且仍在逐年递增。与发达国家相比，我国的车船油耗水平高出许多，其中机动车油耗水平比欧洲高 25%、比日本高 20%、比美国高 10%，载货汽车百吨千米油耗比发达国家高 1 倍

以上，内河运输船舶油耗比发达国家高 10% ~20%。根据相关部门预测，到 2020 年交通的石油能耗量将达到 2.56 亿吨，占石油消耗总量的 57%。

为了降低交通运输的化石能源消耗，有效地保护环境。从 2003 年开始，广州市就启动了以全市公交车、出租车推广使用清洁能源为核心的绿色公交民心工程。目前，广州市公交车和出租车已使用清洁能源，每年减少排放一氧化碳约 2.2 万吨、碳氢化合物约 2 430 吨、颗粒物约 417 吨，取得了良好的减排效果，有效改善了广州城区的空气质量。

日趋严重的交通环境污染

交通环境污染主要包括机动车尾气污染和交通噪声污染两种，另外，交通尾气也对 PM2.5 造成一定的影响。

（1）机动车尾气污染。在车水马龙的街头，一股股浅蓝色的烟气从机动车尾部喷出，这就是通常所说的汽车尾气。根据我国近年的统计，城市大气污染中，机动车尾气污染所占比例达 70%。汽车尾气中含有上百种不同的化合物，其中污染物有固体悬浮微粒、一氧化碳、二氧化碳、碳氢化合物、氮氧化合物、铅及硫氧化合物等。有数据显示，在某些大城市中，交通源排放的尾气对大气污染的“贡献”已经超过工业排放，占到了第一位。

机动车尾气中的有害气体可

刺激人们的鼻、眼和呼吸道等器官，会引发头疼、晕眩等症状，严重时导致眼、鼻、肺疼病甚至癌症。研究显示，在我国 11 个大城市，空气中的烟尘和细颗粒物每年夺去 5 万人的生命，40 万人感染慢性支气管炎。轮船和飞机排放的尾气，也是十分严重的污染源，而飞机的排放是立体的，它能从 1 万多米高空一直排到地面，影响更大。

（2）PM2.5。PM 英文全称为 Particulate Matter，指细颗粒物。科学家用 PM2.5 表示颗粒直径小于等于 2.5 微米的颗粒物在每立方米空气中的含量，这个数值越高，就代表空气污染越严重。PM2.5 的影响因素有很多，城市中汽车尾气是主要的因素，其他因素如灰尘、沙尘暴、化石燃料的燃烧、生物质燃料的燃烧、垃圾焚烧、工业粉尘等也是造成 PM2.5 值升高的原因。

大气中的机动车尾气污染物会通过化学反应生成二次颗粒物，实现由气体到粒子的相应转换，形成细微颗粒物质。因此，交通的尾气污染在增加了 PM2.5 的值，给环境带来了严重的危害。

（3）交通噪声污染。机动车行驶在道路上时，车体震动、鸣笛、轮胎摩擦等都会发出大量人类不喜欢的声音 ——交通噪声。交通噪声主要来自以下几个方面：由道路所激发的车体结构的震动，轮胎触地所激起的空气振动，车体穿过大气所产生的湍流，发动机的震动和排气、进气；传动系统中的相互运动所激发的震动；制动器的摩擦；空调风机等。这些噪声是城市噪

声的主要来源，约占各种声源的70%左右。

调查资料表明，长期生活在震动和噪声环境中可使人烦躁、恶心、头痛和失眠，其中70分贝的噪声可使50%的人睡眠受到影响，突发性的60分贝噪声也可使人从睡梦中惊醒。汽车噪声对车内环境也是有害的，枯燥无味而又强烈的噪声会引起驾驶人及乘客心情烦躁，注意力分散，心绪不安，头昏脑涨；甚至会像催眠曲一样使人疲劳困倦、打盹。

3 应运而生的智能交通

智能交通产生的原因

随着社会经济的发展，人们在享受由机动车所带来的巨大便利的同时，也深受交通严重拥堵、事故频发、环境污染加剧和能耗上升的困扰。为了解决上述问题，修建更多的道路是最直接和有效的方法。然而，修建新路的巨额资金和城市空间的限制，使这一方法的有效性大打折扣。

为此，世界各国积极地探索优化交通管理的新思路，结合全球数字化、智能化的大浪潮，运用各种先进技术系统地解决道路交通问题的手段应运而生，这就是智能交通运输系统，简称ITS（intelligent transportation systems，ITS）。

ITS 是将先进的计算机处理技术、信息技术、数据通信传输技术及电子自动控制技术等有效地综合运用于整个交通管理体系，将人、路、车有机结合起来，以达到最佳的和谐统一，从而建立起的一种在大范围内、全方位发挥作用的实时、准确、高效的交通运输综合管理系统。智能交通系统的本质在于协调人、车、路的发展，促使交通更加安全、便捷、环保、高效地运行。

智能交通带来的益处

智能交通运输系统的诞生及应用，是交通运输业的一大变革。它应用人工智能技术、GPS 和网络通信技术、检测器技术、电子收费技术等来革新技术，能有效地管理交通需求、提高道路通行能力、改善服务水平、减少环境污染和燃油损耗、增加交通安全。一般而言，智能交通系统主要包括：交通信息服务系统、交通管理系统、公共交通系统、电子收费系统等。

（1）**交通信息服务系统**。这一系统是建立在完善的信息网络基础上的。交通参与者通过装备在道路、车辆、换乘站、停车场以及气象中心的传感器和传输设备，交通信息中心实时收集并处理各类交通信息；交通信息系统实时向交通参与者提供道路交通信息、公共交通信息、换乘信息等；出行者再根据这些信息确定自己的出行方式和选择路线。

（2）**交通管理系统**。这一系统主要是给交通管理者使用的，用于检测控制和管理公路交通，在道路、车辆和驾驶人之间提供通信联系。可以对道路系统中的交通状况、交通事故和交通环境进行实时监视，依靠先进的车辆检测技术和计算机信息处理技术，获得有关交通状况的信息。

（3）公共交通系统。这一系统的主要目的是采用各种智能技术促进公共运输业的发展，使公交系统实现安全便捷、经济、运量大的目标。在公交车站通过显示器向候车者提供车辆的实时运行信息。在公交车辆管理中心，可以根据车辆的实时状态合理安排发车、收车等计划，提高工作效率和服务质量。

（4）电子收费系统。该系统通过安装在车辆风挡玻璃上的车载器与在收费站 ETC (electronic toll collection, ETC) 车道上的微波天线之间的微波专用短程通信，利用计算机联网技术与银行进行后台结算处理，从而达到车辆通过路桥收费站不需停车交纳路桥费的目的，且所交纳的费用经过后台处理后清分给相关的收益业主。

……

广州在智能交通运输方面的建设已取得了一定的成效，在2010年广州亚运会、亚残会上也凸显亮点，如“亚运车辆调度信息系统”突破了以往世界大型体育赛事都没做到的对运动员、技术官员、媒体记者等的车辆实施智能调度、管理和实时交通信息服务，全国首创的交通直播室全方位播报实时交通信息……

经过精心筹划，广州智能交通系统“十二五”发展规划框架已形成，总体目标是实现交通信息化资源有效整合，基础设施统一规划利用，新旧资源充分兼容和共用，动态感知全面覆盖，主动管理手段先进，信息服务广泛普及，交通三要素的“人”“车”“路”协同运作，智能交通标准体系与安全体系健全，保障机构全面完善，实现“现代交通由信息化向智能化的飞跃”，形成带动珠三角、引领全国、面向世界的智能交通系统。

二　形形色色的智能汽车

小故事

变形金刚——有浓厚科幻色彩的智能汽车

在20世纪八九十年代，有一种被称为“变形金刚”的机器人玩具风靡世界各国，那是一种奇怪的机器人汽车，它出自一部同名的美国科幻片《变形金刚》。片中说的是在一个星球上有两个机器人汽车团队，它们平时都只是普通的运货卡车，不断地把它们的生命之源——汽油、菜油等油料运到它们的油库里去，而一旦这两个汽车团队狭路相逢，它们就会迅速卸下货物，把车头一伸变成机器人的头，把车身一挺就变成身体和四肢，变形为一个个机器人，大卡车变成魁梧庞大的机器金刚，小车则变成小型机器人。双方于是就用深藏的武器大战起来，而大战的目的就是夺取对方的油料和油库。而“变形金刚”机器人玩具也正是仿照这部科幻片角色形象制造出来的，正是由于有了这些“变形金刚”玩具，推高了同名科幻影片的票房纪录，而影片的放映，又促进了“变形金刚”的热卖，真可谓是相得益彰、相互促进。而这种汽车机器人，可说是具有科幻色彩的顶级智能汽车。

2010年9月10日，一名俄罗斯警察挥舞着橙色的旗子，责令一辆在人行道上缓缓行驶的面包车停下。车停下了，他走近后发现车上并没有人，这一幕像极了科幻片。但是，这样“灵异”的情节确实在真实世界中发生，它是一支由 4 辆无人驾驶智能汽车组成的车队，从意大利米兰出发，最后抵达中国上海，行程 1.3 万千米。在 80 多天的旅程中，无论是在交通繁忙的高速公路上，还是在偏远的山路和沙漠公路上，车辆都能安全行驶。汽车还在雨、暴雪和强阳光下行驶过，甚至还给路人搭了一段便车。

也许你会疑惑，它是怎么实现无人驾驶的？其实，在没有驾驶人的车上，有一套以计算机系统为核心的智能驾驶设备控制车辆，使车辆能在各种不同天气和路况下安全行驶。

1 智能汽车的“眼睛”“大脑”和“脚”

感知环境的“眼睛”

汽车驾驶的安全性除了依靠驾驶人高超的技术，还需要安全系统的支持，其中传感器就是汽车行使状态的感测单元，利用它来对信息辨识，可以增强驾驶人的判断能力。目前汽车上用于环境感知的传感器技术包括：雷达、光探测与测距、红外线、超声波、影像传感器及加速度传感器等。这些技术各有其使用特性，分别适用于车体中不同的位置及不同的应用。

在追随前车及防碰撞方面，多采用雷达技术，包括毫米波雷达或激光雷达。由于激光雷达的波长比较短，所以在雨天无法达到理想的感测要求，因此为了提高汽车的安全性能，高端车型大多还是选择毫米波雷达。

在行人、道路和障碍物的辨识以及视野辅助方面，监视器多采用远红外线和近红外线技术。远红外线的原理是检测出物体的热量再将温差影像化，适合监测具有体温的人体及动物；近红外线则具有夜视的能力，能够在视线不良的环境中辅助显示前方的路况，而且能显示比车灯照射距离更远的物体。

CCD 或 CMOS 影像传感器的应用实现了全方位的监测功能。透过辨识逻辑，它能够用来辨识道路分隔线、行人、交通信号标志，判断路面是否干燥或有积水、积雪，甚至可进一步推测路面的湿滑度，以供驾驶人参考。对于高反差或灰暗的环境，影像传感器则可以通过把高感应度及低感应度两种画面合成的方式，制作出色调更分明的画面。

此外，影像传感器也能与红外线或雷达结合而形成混合式传感器，能提供更强的监视及警示功能。比如红外线监视器，当 LED 照射前方所反射回来的红外线被 CCD 吸收后，不管是白天或晚上，都可以辨识车辆四周的路况。

分析情景的“大脑”

智能汽车依赖导航信息资料库和实时道路状况信息，利用 GPS 定位系统，可精确定位车辆所在位置，与道路资料库中的数据相比较，确定行驶方向，辅助车辆防碰系统和紧急报警系统，可在事故的第一时间，自动报告指挥中心进行救援，并由无线通信系统保持汽车与指挥中心的联络。

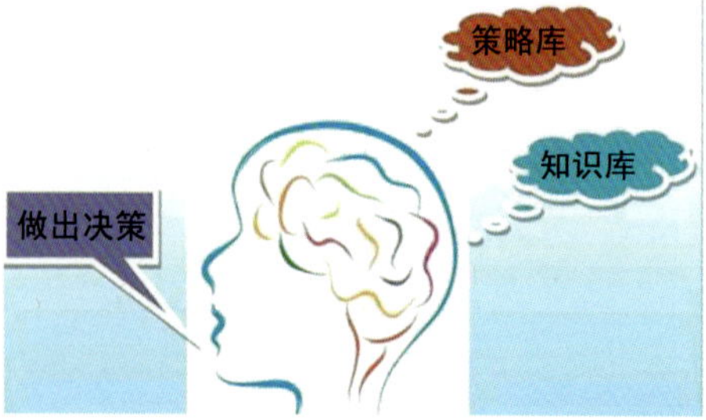

车载电子计算机可以根据现场的情况，如交通状况信息、环境信息完成决策或分类任务，安排汽车行走路线。在此基础上根据一定的准则和决策的可信度对上述结果进行融合，再由策略库进行汽车动作部署，作出最优决策（如车辆优化调度、路径规划、汽车加减速、超车或停车等），以便具有良好的实时性和容错性，使在一种或几种传感器失效时也能工作。策略应根据经验进行提取， 并存在知识库中。知识库还应有一个学习智能体，用于不断丰富策略。各种智能算法如神经网络、模糊算法、遗传算法等也可以应用到构造策略库以及策略选择过程中，系统根据采取的对策来决策汽车的任务和动作。

自动操纵的“脚”

智能车控制系统车辆动力学稳定性与汽车的横摆运动密切相关。智能车控制系统主要是通过制动力控制汽车的横摆运动，根据各传感器输入到计算机的信号推测驾驶人所期望的汽车转向运动，对发动机输出扭矩和各车轮制动力进行控制，以减小汽车转向时的过度转向特性，以及抑制因后轮侧滑所引起的急旋转运动发生，提高汽车操纵响应能力和紧急躲避障碍能力。

越来越多的传感器、更强大的演算中心及对刹车、发动机、安全气囊等装置的控制，将形成更复杂的车载网络，此网络中需要更实时的处理性能和数据传送能力。这些智能性的辅助功能将让驾驶人更轻松和安心地开车，也有助于减少交通意外事故的发生或降低事故的严重性。

2 信息汽车

充满智慧的汽车

一些著名的汽车制造公司正致力于研究使汽车变得更加聪明、更有智慧的技术。未来汽车将不再仅仅是柏油马路上的交通工具，同时也具备在信息高速公路上奔驰的能力。

信息汽车即为信息技术在汽车及交通领域中的应用，就是基于全球定位系统（GPS）、地理信息系统（GIS）、移动通信网络以及国际网络运输控制协议（TCP/IP）等技术原理，在汽车及交通领域中轻松实现诸如数据传递、语音通信、目标跟踪、自动报警以及驾乘者获取各种公众信息、实用信息服务的功能；同时可通过与 110、120 等系统和各类数据库相结合，实现更广泛的应用。

小知识

现代汽车信息化技术

现代汽车信息化技术包括全球定位导航系统和互联网应用。早在 1998 年，歌乐公司就与微软合作，利用 windows 操作系统开发出世界上第一台车载电脑系统“歌乐 PC”。它综合运用了汽车音响、计算机技术、导航技术及自动语音识别技术，将汽车带入一个将音响、视像与通信三结合的信息网络空间。与此同时，通用汽车公司也实施它的“On-star”汽车通信系统，通过系统的显示屏，乘车者在车内就可以完成打电话、互联网通信、卫星导航及看文娱节目等的信息和通信。

（1）GPS 功 能。GPS 技术利用卫星与用户之间的相对位置，通过数据处理来确定用户的实际位置，可以引导汽车的运行。目前一些发达国家已将GPS技术与ITS联系在一起，为汽车的自动导航铺平道路。汽车导航系统有两大功能：一是汽车踪迹的监控功能。只需将已编码的接收装置安装在汽车上，汽车无论行驶到任何地方都可以通过计算机控制中心在电子地图上指示出它的所在方位。若汽车被盗抢，只要车主与控制中心联系，控制中心根据编号对汽车进行寻找，很快就能发现失踪车辆的踪迹。二是驾驶指南，车主可以将各个地区的交通线路电子图储存在软盘上，在车内的接收装置上插入软盘，显示屏上就会立即显示出该车所在地区的位置及目前的交通状态，用户可输入目的地，预先编制出最佳行驶路线；也可接受计算机控制中心的指令，选择汽车行驶的路线和方向。

（2）ITS 功能。ITS 即为智能交通运输系统，是将采集到的各种道路交通及服务信息经交通管理中心集中处理后，再传输到公路运输系统上的各个用户，包括驾驶人、居民、警察局、停车场、运输公司、医院和救护排障等部门。出行者可实时选择交通方式和交通路线；交通管理部门可自动进行交通疏导、交通控制和事故处理等；运输部门可随时掌握车辆的运行情况，从而合理地进

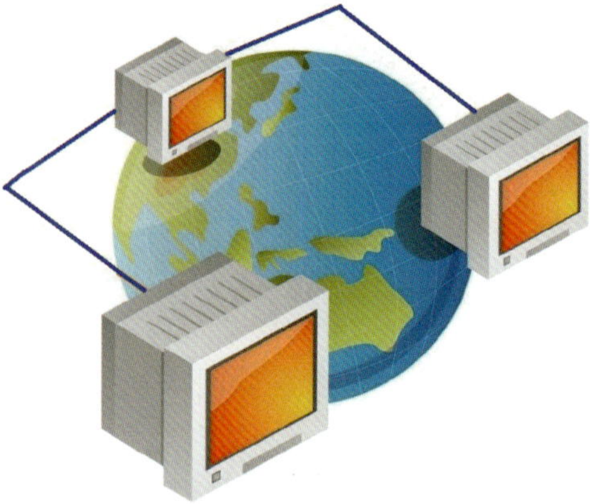

行车辆调度，从而使路网上的交通运行处于最佳状态，改善交通拥挤和消除道路阻塞，从而最大限度地提高路网的通行能力。

（3）互联网功能。互联网技术可以移植手机无线上网的技术，然后配置大容量的存储及读写功能的车载电脑，就能逐步实现汽车应用互联网。通过互联网，车主可以直接进入厂商设置的网站查询自己汽车的资料，一旦汽车发生故障，就可通过车载电脑将信息资料发给维修中心，维修中心下载信息资料后就可以了解到故障的位置和原因，这样维修工程师便可以通过互联网远程操纵汽车的自检系统或指导车主处理。汽车应用互联网技术后，车主还可以随时了解到实时股市行情，可以随时发送与接收电子信件或传真件，使车主在驾驶途中如同在办公室一样。

（4）蓝牙技术。蓝牙技术是一种无线数据与语音通信的开放性全球规范。它可取代多种电缆的连接方式，以低成本的近距离无线连接为基础，使各种电子装置在无线状态下相互连接传递数据。它在汽车电子装置上的应用前景非常广阔。德尔福汽车系统公司已经开发出了可以让驾驶人用语音

进行操控的车载蓝牙设备；摩托罗拉公司还为汽车生产商推出了一种蓝牙汽车工具包。用户通过操控手持蓝牙设备，能够与汽车设备之间进行无线联系，如遥控打开车门、与车内车辆检测系统交换数据。采用蓝牙技术的车载装置将使人们很容易在车内下载音乐、录像以及发送电子邮件。

信息化的车辆系统

当前信息技术在汽车及交通领域中的应用项目相当多，大致可归纳为以下 4 个方面，即车辆安全系统，网络、通信及导航系统，智能交通系统和移动多媒体系统。

（1）**车辆安全系统**。车辆安全系统又包括以下几个系统：

◆防撞警告系统和撞车通告系统。它利用雷达、声呐和激光波束扫描潜在障碍，在即将发生撞车事故时发出警告信号，提示驾驶人手动或通过电控系统自动进行制动。如果与 GPS 接收机结合使用，撞车通告系统还可以给救助机构提供车辆精确的位置信息。

◆自适应巡航控制系统。该系统通过控制车辆，在设定所要求的较低行驶速度之后，用雷达、声呐或激光波束对前方路面进行扫描，必要时自适应巡航控制系统将会自动减小发动机节气门开度，降低挡位，甚至实施制动，以保持安全车距。

◆被盗车辆寻回系统。这种装置提供了一种基于自动车辆跟踪的反盗窃方法，即利用因特网设定汽车警戒区域，让汽车进入防盗状态，还可以消除车辆丢失的烦恼。

（2）**网络、通信及导航系统**。这一系统又包括网络通信系统和电子导航系统。

◆网络通信系统。该系统在驾驶人眼不离前进方向、手不离方向盘的情况下，通过便携式电脑和无绳电话接收网络新闻、电子邮件和其他信息，并将结果通过声控传达给驾驶人，只要触动方向盘上的按钮即可启动。

◆电子导航系统。汽车电子导航系统是在全球卫星定位系统（GPS）基础上发展起来的新型技术，主要应用在导航、测绘、测速、车辆防盗和调度等方面。它是一种能接收定位卫星信号，经过微处理器计算出汽车所在精确经度和纬度以及汽车速度和方向，并在显示器上显示出来的一种装置。驾驶人可以直接输入地名、经纬度、电话号码来进行线路检索，系统即快捷地提供一条到达目的地的最佳路线。

（3）智能交通系统。这一系统主要包括以下几个子系统：先进的交通管理系统（ATMS）、先进的交通信息服务系统（ATIS）、先进的公共交通系统（APTS）、先进的车辆控制系统（AVCS）、电子收费系统（ETC）、货运管理系统（FMS）等。

（4）移动多媒体系统。这一系统主要是运用移动多媒体技术开发出的过去无法想象的汽车娱乐系统。它还体现在智能无线产品、远程通信设备和信息处理产品等方面。汽车移动多媒体系统给人们带来了许多方便，汽车不再只是交通工具，而成为流动的家庭影院，使我们在旅途中就可以享受到移动家庭影院的乐趣。

世界各大汽车制造商们都在快马加鞭地进行着信息技术的应用，尽管目前还有很多问题尚未解决，但攻克这些难关指日可待。未来汽车将不再是一个移动的孤独空间，而是一个快乐、安全和与外界息息相关的“信息单元”。

3 声控汽车

时至今日，相信仍有许多观众对电影《2012》中俄罗斯大亨用声控启动宾利轿车的情节印象深刻吧！当目睹那一幕时，你的内心除了充满震撼，是否仍有疑虑：这应该是电影编剧凭空想象的，现实中纯属子虚乌有，要想步入声控汽车时代少说也得一个世纪！

追根溯源，声控汽车的设计理念早在20世纪80年代已现雏形，日本丰田汽车公司为让失去双臂的残疾人能重新驾车而研制没有方向盘，可利用声音和双脚控制的汽车。这种声控汽车能识别主人的声音，如同一辆升级版马车，不但能听从驾驶人的指令打开车门、启停汽车发动机、控制转弯刹车，甚至可以根据驾驶人的声音大小自动调节油门，只需发口令时提高嗓门，便能马上提高车速。当然，正常人也能驾驶这种汽车。试想，驾车时可以悠闲地喝杯咖啡，是不是很有闲情逸致？尤其在长途驾驶时，更能减轻身心疲劳，估计只有驾驶人方能体会其中乐趣。

20纪末，美国一家公司推出一套新型的汽车声音识别系统，其沿用了双手操纵方向盘的传统，操控车内其他设施则只需驾驶人轻轻说出指令。只要驾驶人指令

清晰和准确，系统就能自动执行，但仅仅做到这一步，显然无法满足消费者日益增长的现实需求。因此，该系统发明者着眼于未来，希望将声控汽车与因特网结合起来，向使用者及时提供天气预报、股市行情等。

如今，福特、宝马、通用等知名品牌汽车制造商也纷纷加入声控系统研究行列，试图让汽车越来越“听话”。据悉，美国福特汽车公司开发的汽车语音智能系统能听懂 100 个单词，掌握 19 种语言中的 1 万条指令。当它与卫星导航系统结合后，还能回答一些常见的问题，比如：距离目的地还有多远？加油站在哪里？前方路况如何？德国宝马汽车公司则开发出一套可编写电子邮件的声控系统，意图帮助驾车族开车工作两不误。它存有 10 多万个单词，足以识别驾驶人念出的邮件内容，如念错内容，系统还支持“删除”“后退”等人性化的口令。

2012 年 9 月，日本丰田汽车公司公布了一款具有手控、声控功能的智能汽车——Smart Insect。据了解，该车内设动作感应器，不但可以识别驾驶人的动作和声音，还可以通过头像扫描确认车

主身份。此外，它利用丰田智能云技术进行多种智能操作，比如，通过声控操作可以确认家里的门锁及电器开关状态等，智能化程度相当高。

说到这，一些人难免会有这样的担心：声控系统的出现反而会影响正常驾驶。学习操控新系统的过程中容易分散注意力，口令识别万一出错怎么办，况且行车时，拨打或接听电话、收发短信在所难免，这些都有可能导致交通意外的发生。事实上，随着科学技术的进步，这些问题都将迎刃而解。撇开这些瑕疵，日臻完善的汽车声控系统在诸多方面均可增强驾驶安全。例如，系统可以控制汽车音乐播放，根据驾驶人的口令更换光盘。研究表明，手动换盘需驾驶人分散注意力大约 25 秒，意味着在数百米距离内，驾驶人不能一心一意开车。由此可见，汽车步入声控时代意义重大，势在必行！

延伸阅读

渐入佳境的声控技术

从科幻到现实，声控技术正渐行渐近！从苹果 Siri 的流行掀起语音控制应用的热潮到车载导航领域，众多知汽车企业、车联网公司陆续发布语音控制类车联网产品，进入 2012 年，声控导航更是一度刮起旋风。在这场唱响声控技术主旋律的盛会中，首款支持车载语音控制系统接口的人机接口协处理器诞生了。

相比常规接口，人机接口协处理器由定制型逻辑和高速存储器构成，可加快和优化语音控制人机接口，除了支持更大的语音数据库，还能显著提高响应时间和精度。该处理器若能在汽车导航领域得以广泛应用，对语音控制、声控导航等技术将是一个重大突破。

4 新一代智能汽车

智能汽车的“脑部手术”

上一节把智能汽车生动地比喻成一个会思考、会判断和会行走的人，具有眼睛、大脑和脚，不知大家是否已经拥有了购买一辆智能汽车的冲动？

其实，一辆新款智能汽车的研发最主要是基于其“大脑”的创新。随着计算机技术的广泛应用和发展，作为智能汽车核心技术的“大脑”可以进行各式各样的武装和改进，我们只要为“大脑”添加一种新的特质，一款拥有新功能的智能汽车就会横空出世。假如哪一天大家在车展上看到一辆功能与众不同的智能汽车，那就说明了人们曾经为它做了一次成功的“脑部手术”。

为了抢先占领智能汽车的国际市场，为汽车进行“脑部手术”已经成为各个国家和各大型汽车企业之间的创新竞赛。从20世纪70年代开始，欧美等发达国家已经竞相开始了无人驾驶汽车的研究；进入21世纪，这场竞赛更是越演越烈，许多制造商为了促进智能汽车的技术交流，还开展了各种智能汽车挑战赛，这些比赛设计了斗折蛇行的赛道、不可思议的障碍物和具有针对性的技术难题，让参赛者绞尽脑汁地为自己的战车进行“脑部手术”，正所谓集思广益，每一次智能汽车挑战赛的结果，都让智能汽车的“大脑创新”向前迈进一大步。

中国从20世纪80年代开始着手无人驾驶汽车的研制开发，虽然技术与国外相比还有一段距离，但同样也取得了阶段性的成果。与发达国家一样，为了创造我们国家智能汽车的研发氛围，全国高校之间举办了“飞思卡尔”杯大学生智能汽车竞赛，吸引了不少大学生参与了智能汽车“头脑”改造的风暴。

延伸阅读

“飞思卡尔”杯智能汽车竞赛

“飞思卡尔”杯智能汽车竞赛由全国有自动化专业的高等学校（包括港、澳地区的高校）参赛。

竞赛首先在各个分赛区进行报名、预赛，各分赛区的优胜队将参加全国总决赛。每届比赛根据参赛队伍和队员情况，分别设立光电组、摄像头组、电磁组和创意组等多个赛题组别。每个学校可以根据竞赛规则选报不同组别的参赛队伍。

比赛要求参赛队伍研究并设计一款能够自主辨识路线并能够自主行驶的智能车，在专门设计的封闭跑道上行驶，跑完整个赛程用时越短的参赛队伍成绩越好。

新一代智能汽车

在我们想方设法为智能汽车一次又一次进行改造之后，一辆又一辆具有新功能的智能汽车便会闪亮登场，由此我们可以想象，智能汽车不仅仅是限于前面介绍到的信息汽车和声控汽车。下面为大家介绍一些其他的智能汽车功能，有些功能大家甚至无法想象。随着时代的变迁，这些智能技术应用于不同领域的汽车中，让这些智能汽车于现在或者在不远的未来，成为新一代智能汽车的佼佼者。

首先为大家介绍的是无人驾驶汽车技术。无人驾驶汽车在智能汽车家族里面已经算是历史最悠久的，它的出现，拉开了智能汽车快速发展的序幕。什么是无人驾驶汽车？它就是利用电子技术，在车辆行驶的过程中感知道路的信息，然后通过“大脑”控制车辆的转向和速度，使车辆能够安全地在道路上行驶，从而实现“没有驾驶人”的行驶。

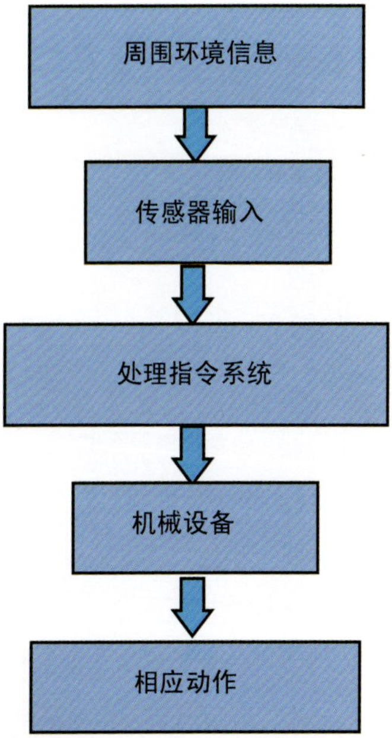

有些人会质疑它的可靠性，怀疑车辆缺乏人为控制地行驶在熙熙攘攘的道路上，是否能够保证零意外。的确，人无完人，最先进的无人驾驶技术也不是完美无瑕的，也不能保证没有意外发生。然而，目前的无人驾驶汽车技术已经可以保证意外率比有人驾驶低，当整个无人驾驶系统正常运作时，遇到不同的情况，可以做出比人更准确的判断和反应，而且在紧急情况下操作的更为“理性”。

延伸阅读

谷歌版无人驾驶汽车

谷歌开发的无人驾驶汽车可以自动行驶，无需人工控制。谷歌开发无人驾驶汽车的目的是为了防止交通意外、给人们更多空闲时间。

谷歌版无人驾驶汽车上安装了雷达、车道保持系统、激光测距系统、红外线摄像头、立体视觉、惯性导航系统和车轮角度编码器等设备，汽车行驶时，从这些设备上获取的数据与汽车“眼睛”捕获的图像一起输入计算机，软件以极高的速度处理这些数据。这样，系统就可以非常迅速地作出判断。

目前，谷歌版无人驾驶汽车已经安全行驶超过数十万千米。工程技术人员表示，谷歌版无人驾驶汽车通过摄像机、雷达传感器和激光测距仪“看到”其他车辆，并使用详细的地图来进行导航。

目前所面临的难题是自动驾驶汽车和有人驾驶汽车如何共处而不引起交通事故。

无人驾驶汽车非常诱人，以至于它看上去像是幻想。但是不能否认，无人驾驶汽车离我们的生活越来越近，虽然无人驾驶汽车是智能汽车家族的先行者，但随着无人驾驶技术的继续完善和普及，无人驾驶汽车绝对能够以全新的姿态继续成为新一代智能汽车的领头羊。

感受完无人驾驶的便捷之后，大家是否想象过还能让车途变成旅行日——车载智能通信娱乐系统可以为我们服务！如果大家使用过 iPHONE 4s 手机，相信你对具有创新意义的强大语音控制功能 Siri 并不陌生。而这个智能通信娱乐系统正是基于语音控制识别技术开发出来的，正如汽车行业的 Siri。用对话的方式来控制像接打电话、收发信息、播放音乐等操作，在开车的时候可以让驾驶人省去很多麻烦。只需要按一下它的智能键，然后说出想做的事情，它就可以完成你的指令。真正实现了人机交互功能。它还可以实现无间断的车内外通话，当我们打着电话进入车内，启动汽车以后系统就会自动把电话转接到蓝牙通话模式，让我们可以放下电话，专心开车。

除了安全性和便利性，新一代智能汽车还会替车主节省油耗。是否省油是我们在买车之前都会考虑的问题，有很多人不买车是因为担心“买得起，养不起”，而未来的智能汽车可为广大车主的钱包减负。

目前，电动车和混合动力汽车已经成为新一代智能汽车的新宠儿，而这些汽车的能源管理系统能够通过智能控制，让汽车的能耗得到优化。以电动汽车的电池管理系统为例，它不仅可以动态监测动力电池组的工作状态和剩余电量，还能实现单体电池间的均衡，防止电池过度充电和过度放电，延长电池的使用寿命，提高电池的利用率。而混合动力汽车使用了燃油和电池的能源组合，在某些行驶状态时可以实现热能和电能之间的转换，提高能源的回收率。这样，本来需 1 升汽油行驶的路程，现在用 0.5 升就可以完成了。

从安全可靠的无人驾驶技术，到方便的通信娱乐服务，再到人性化的能源管理系统，我们可以看到新一代智能汽车的最大特点，就是为我们着想。我们可以大胆想象，在不久的将来，我们躺在刚购买的非常省油的智能汽车里，听着优美的音乐，通过语音来控制汽车行驶的速度和歌曲的变换，那该有多惬意啊！

三　无所不知的智能交通技术

小故事

突出重围的飞行汽车

当汽车慢慢地融入普通百姓的家庭生活，城市里的汽车保有量迅猛增长，而道路系统的发展速度却远远跟不上汽车持续增长的需求，城市道路交通拥堵会日趋严重。

当你因为堵车而导致驾车龟速爬行时，是否想过给自己的座驾加装一双翅膀，飞越茫茫车海。其实，早在20世纪40年代，福特汽车公司创办人亨利·福特就曾大胆预测：飞行汽车迟早会出现。研发无需依赖路面的新型交通工具——飞行汽车，无疑是缓解交通拥堵的一条好途径，但要如何才能在我们头顶的这片天空做好文章呢？

2009年3月初，世界首辆飞行汽车在美国实现首飞——驾驶人只需按下一个按钮，就能实现汽车由飞行状态转为陆上行驶。此后，美国Terrafugia公司研制的陆空两用变形车还被允许投入商业性生产。2012年，我国首辆飞行汽车问世，以往只能在美国好莱坞大片中见到的高端玩意，如今已近在眼前。它最大巡航速度为180千米/小时，最大行车速度为120千米/小时，持续飞行时间3~4小时，极具诱惑力的数据，你心动么？不过，人民币200万的售价，加之现有“惨淡”的道路条件，对绝大多数人来说恐怕只能是望洋兴叹！唉，要想真正疏导城市交通，还是得靠成熟的智能交通技术。

智能交通技术已与我们的日常生活紧密联系在一起了，交通信息的采集、处理和发布等信息已共享于公众，方便了人们的出行，节省了大家的时间。交通信息的仿真、信号限制、电子收费等服务更是保证了我们的日常生活秩序。

1　你已进入我的视线——交通信息的采集

道路交通事故时有发生，交通拥堵也常常伴随着我们的生活。当道路上不幸发生交通事故或交通拥堵时，交警及相关指挥人员总能在第一时间赶赴现场并采取相应的措施。你知道他们为何可以如此地高效率吗？因为你早已进入了我的“视线”，一切实时交通信息都在掌握中。准确、实时和完整的交通信息采集是智能交通系统的基础，让我们一起来了解交通信息是如何被采集的吧。

无所遁形的移动定位技术

手机用于定位，是移动定位技术的一种典型应用。说起移动定位技术，想必大家都会想起由美国研发并投入使用的全球定位系统（GPS）。其实，除了GPS，我国也有正在自主研发的定位技术——北斗卫星导航系统。下面就让我们一起走进移动定位的世界。

手机的定位方式有两种，一种是通过加入GPS芯片来定位（利用手机上的GPS定位模块将自己的位置信号发送到定位后台来实现手机定位），另外一种是通过移动基站来定位（利用基站对手机的距离进行测算来确定手机位置）。

手机定位有利有弊，关键在于用户如何使用。在发生紧急事件时，手机定位可以为生命救援提供方便。另一方面，用户位置信息被随意窃取的现象愈演愈烈，与手机定位相关的犯罪活动也越来越多，这是需要引起用户和管理者警惕的。

小故事

手机出卖了我的位置?

案例 1：当我们用微信“摇一摇”摇出附近的其他用户时，当大家用手机微博看到谁在附近发微博的时候，其实别人也能知道你的位置。

案例 2：冯小刚的电影《手机》给观众留下了深刻的印象——私生活被严重干扰而拼命想逃离人群的严守一，被一部全球定位手机弄得无所遁形，精神几近崩溃。

案例 3：小军是一家专营消防器材公司的技术员，因为常需要驻在不同的工地上，他总以此为借口睡到自然醒再回公司报到。某天，该公司老板请小军所在的项目成员吃饭，提到了 iPhone 手机上自带的手机定位系统可以随时看到好友的实时位置。老板立即建议用 iPhone 手机的员工都安装这款定位软件，方便联络。小军说，“虽然老板没有硬性规定，但是当时饭桌上的同事们都拿出手机，在老板指导下安装了定位软件。”从此，小军再也不能找借口偷懒了。

小知识

手机定位的好处

手机定位技术的好处多多，可以服务于我们的日常生活。比如，把手机定位应用于汽车救援服务，给汽车救援服务商和车主带来了方便。过去，一旦车辆出现故障，车主需要通过打电话的方式说明自己的具体位置，既花费时间又浪费话费，而且车主往往并不清楚自己所处的位置。而现在，只需要打一个电话，发送一条短信就能准确定位车主所在位置，省钱省时又省力，而且还不需要在汽车和手机上安装任何东西，相当方便。因此，这种服务深受汽车救援行业的欢迎。

又如，把手机定位服务应用于医疗急救，能为医护人员和病人争取到宝贵的时间。手机定位服务应用于医疗急救采取拨号定位方式，不需要回复短信，病人只需向医院打一个电话就可以被院方定位并被及时救助。

此外，利用手机定位技术开发的一款知名软件——手机伴侣，对于弱势群体的安全监护非常合适。把它安装在老人和儿童的手机上，当老人或者儿童外出走失时，向其手机发送短信即可获得他们具体的地理位置。

全球定位系统（GPS）是利用GPS定位卫星，在全球范围内实时进行定位和导航的系统。GPS导航系统的基本原理是服务区内的

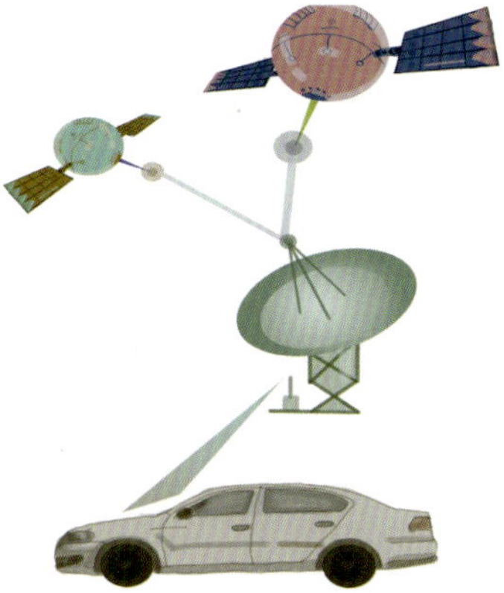

卫星测量出各自到某一用户接收机的距离，通过综合多颗卫星的数据得到此接收机的具体位置。由于 GPS 导航系统给我们的出行带来了许多的方便，因此深受大多数自驾出行者的青睐。

全球定位系统是美国军方开发的系统，而我国智能交通系统几乎都是建立在全球定位系统的基础之上的，这从根本上具有缺陷性，也限制了我国智能交通的进一步发展。目前，为了掌握定位技术的自主性，我国正在开发北斗卫星导航系统（以下简称“北斗系统”）。即将投入使用的北斗系统，将在我国的智能交通中具有更加重要和更为广泛的应用。

北斗卫星导航系统由空间星座、地面控制和用户终端 3 大部分组成。空间星座部分由 5 颗对地球静止轨道（GEO）卫星和 30 颗对地球非静止轨道（Non-GEO）卫星组成。目前，我国已成功发射 4 颗北斗导航试验卫星和 16 颗北斗导航卫星，2012 年底，一个覆盖大部分亚太地区的导航卫星网络将构建完成。2013 年上半年，北斗系统将正式提供服务，在交通信息查询、交通流量监测、车辆跟踪、公交车监控和调度、出租车叫车服务、行车安全管理、紧急援助以及交通事故分析等方面具有极其重大的作用。北斗系统完全为我国所有和控制，系统运行维护不受国际环境变化的影响，完全可以取代美国的全球定位系统在我国智能交通系统中的地位。

延伸阅读

北斗二代卫星导航系统

北斗二代卫星导航系统是我国自主研制开发的无源三维卫星定位与通信系统，是继美国的全球定位系统（GPS）、俄罗斯的全球卫星导航系统（GLONASS）之后全球第3个成熟的卫星导航系统，北斗导航定位系统独有的可传送多达120个汉字信息的通信功能，让使用者即使在无通信信号覆盖的区域也能及时获取位置等信息。北斗卫星导航系统致力于向全球用户提供高质量的定位、导航和授时服务，包括开放服务和授权服务两种方式。开放服务是向全球免费提供定位、测速和授时服务，定位精度可达1米，测速精度0.2米/秒，授时精度10纳秒。授权服务是为有高精度、高可靠卫星导航需求的用户，提供定位、测速、授时和通信服务以及系统完好性信息。导航精度上不逊于欧美，北斗卫星导航系统解决了何人、何事、何地的问题，这就是北斗的特色服务，靠北斗一个终端我们就可以走遍天下。

小故事

不眠不休的电子警察

深夜，广州城郊公路上车辆稀少，王某驾驶汽车，借着点酒劲开足马力，体验了一把“速度与激情”。突然，“咔咔咔”几道白光闪过，在路口不眠不休的电子警察把违法超速的王某抓了个现行。如今，在没有交警执勤的区域和时段，电子警察正发挥着关键的作用。

五花八门的车辆检测技术

你也许会好奇，为什么这样一个不起眼的设备能让交通违法车辆无所遁形？它又是如何迅速准确地监测到违法行为、记录证据并作出处罚的呢？相信在这一节中，你会找到答案。

车辆检测技术在智能交通系统中扮演着重要的角色，它为道路交通的研究、规划和管理提供了基础信息，是相关部门作出正确决策的科学保障。目前，得益于我们在传感器、微电子和信息处理等领域的进步，车辆检测技术取得了较大的发展，检测设备已具备采用大规模集成电路和微处理等综合技术的能力。它们不仅能检测到车辆，对车辆进行计数，还能够检测车速、是否逆行、车辆种类、空间占有率、停车时间、延误时间、排队长度以及异常交通状况等多种动态交通参数，有效地支持了 ITS 各子系统与相关应用的运作和开展。看到这儿，相信大家心里早已打了不少问号：车辆检测这项基础性工作是如何实现的？如果需要得到一段时间内通过某个断面的车辆数，有什么简单易行的方法呢？这其中涉及哪些技术？它们的工作原理又是怎样的呢？下面我们将一一解读。

目前，车辆检测技术根据检测方式的不同划分为 3 大类：磁频车辆检测技术、波频车辆检测技术和视频车辆检测技术。这里主要对以上 3 种技术中的代表技术作具体介绍。

（1）环形线圈式车辆检测技术。如果我们出行时留心观察，想必对图中的地感线圈并不陌生，它就是检测技术中的感应元件。环形线圈是目前国内外使用最为广泛的车辆检测装置。当有车辆通过时，车辆的金属部件会使通电线圈产生的磁场减弱，电感量减少，

从而引起电路调谐频率的上升。因此，只要检测出信号的频率或相位是否发生变化，就可以知道是否有车辆通过。当多个地感线圈联合使用时，还能够检测出诸如车速和车辆排队长度等多种动态交通

参数。

（2）微波车辆检测技术。大家是否在城市某些限速路段上看到过图中的交通设施呢？相信聪明的你已经猜到了，它就是微波车辆检测器家族中的测速雷达。它能迅速地检测出车辆的行驶速度，并在电子屏上显示，对机动车驾驶人、路人起到提醒和警示的作用。倘若出现了违法超速的情况，与之配套使用的摄像等设备还能实现自动抓拍，为处罚提供证据。那么，这些功能强大的微波车辆检测器是如何工作的呢？原来，它们是通过发射电磁能量并检测目标反射回来的波或者目标的固有辐射来实现对目标的探测的。设备接收到的这些电磁波信号提供了很多关于目标的信息，进行分析计算后就能得到目标的空间坐标。对于运动目标，雷达还能根据多普勒效应测算出物体运动的速度和加速度，并推导出目标的轨迹和姿态，进而对其未来的位置作出预测。

（3）视频车辆检测技术。视频车辆检测系统是在传统电视监视系统基础上发展起来的，是以车辆检测技术、摄像机和计算机图像处理技术为基础，大范围地对车辆进行检测和识别。基本原理是在很短时间间隔内，由摄像机连续摄得两幅图像，图像是数字图像，系统很容易对这两幅图像的全部或部分区域进行比较，有差异说明有运动物体。

小知识

基于视频的交通流检测

在地面上架设感应线圈的传统车流量检测方法，仪器损坏率高，维护费用大。基于视频处理技术的交通流检测方法，只需要在道路上方架设一台摄像机，就可以使计算车流量、平均速度等变得简单和方便。

首先，需要在架设摄像头后，保存若干幅只有路面的道路照片作为背景图像，并对图像进行增强处理。然后在这些图像上设定虚拟检测区。常用的虚拟检测区有矩形检测区和检测线两种形式，前者运算量大，但获得的信息准确，后者可以将大量检测点设在车辆驶入的必经之路上，这样既保证了检测结果的正确性，又大大地减小了运算量（此时可把虚拟检测区内的像素值作为无车时的背景模版值）。

当有车辆驶入、停留或离开时，计算机都会注意到像素值的改变。想象我们小时候DIY的小人书，将每一个微妙的变化按顺序画在的本子上，当轻轻连续翻动书页时就看到动画的效果。此时我们的眼睛就是摄像机，而大脑就像计算机。当一点微小的变化进入视线范围，如刚开始是车头，接下来是车身，最后车尾离开了视线，我们的大脑就总结出这样一个信息：有一辆车驶过。摄像机与计算机，就像我们的眼睛与大脑一样密切地配合。

有时候道路背景会有些变化，与背景模版值有所出入。比如大风将路边的大树吹得伸了个懒腰，但是只要像素值的变化在一定范围内（<5%），计算机将认为没有车辆驶入。图像处理技术还可通过增大道路与车辆的灰度差和滤波等方式来减小噪声，使结果更加准确。

鲜为人知的“浮动车”技术

当我们兴高采烈地乘车回家时，拥堵的交通往往会使心情变坏，这个时候我们一定会想，如果能提前知道道路的交通状况，就可以选择畅通的路线，快捷地抵达目的地。面对城市道路交通的拥堵，获取道路实时交通流量流向的信息，会为车辆调度带来极大便利，这时就是“浮动车”技术大显身手的时候。

大家是否见过“浮动车”，是否听说过“浮动车”技术一词，它们到底是何方神物？其实它们一点都不神秘，它们在我们的生活中随处可见。当我们在广州坐上的士时，乘坐的的士可能就是一辆“浮动车”。

“浮动车”是指安装有定位装置和无线通信设备、能够与交通控制中心进行信息交换的车辆。“浮动车”系统的车辆一般由出租车或公交车构成。在城市道路中采集道路交通信息的车辆，就犹如在车水马龙中浮动的信息传感器一样，为交通系统提供实时路段交通信息，被称作“浮动车”(floating car)，也被称作探测车(probe car)。

“浮动车”技术是近年来国内外获取交通信息的先进技术之一。它的基本原理是根据装有全球定位系统的“浮动车”在行驶过程中将定期记录的车辆位置、速度和方向等信息，应用地图匹配、路径推测等相关的计算方法进行处理，得到不同时间内“浮动车”在城市道路的位置，最终获取“浮动车”所经过道路的车辆行驶速度以及行车时间等交通信息。如果在城市中有充足的“浮动车”，并将这些“浮动车”的实时位置数据及时地传输到交通信息中心，由信息中心汇总处理后，就可以得到整个城市实时和动态变化的交通路况信息。

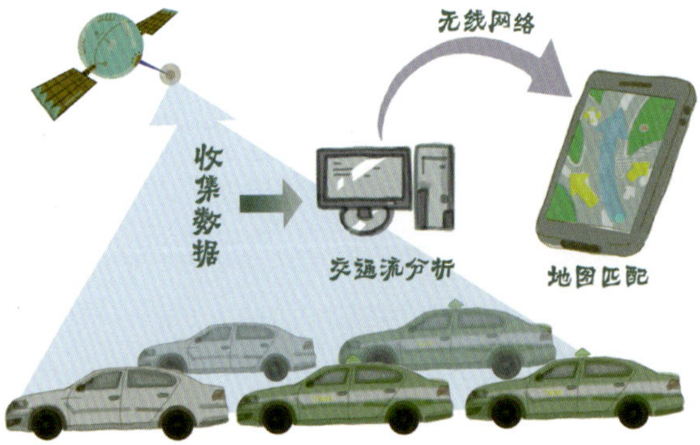

与线圈、微波、超声波等传统的交通数据采集方法相比，“浮动车”技术可以在花费较少的情况下灵活地采集路段的信息，具有高效、实时、自动化、采集面广和采集交通参数多的特点。传统的交通采集设备多是固定的，初次安装投入成本巨大，通常只安装在主要检测路段，覆盖范围也很有限，不能采集行程车速和延误时间等评价路网服务水平的重要参数。“浮动车”技术可以很好地克服以上缺点，是智能交通运输系统（ITS）数据采集的重要方式。

延伸阅读

“浮动车”数据的发展及应用

“浮动车”数据简称 FCD (floating car data，FCD)，应用发展于 20 世纪 90 年代早期。1991 年，美国提出了动态车载导航系统的主要试验项目，目的是为了客观的分析驾驶人是否需要实时信息避免拥堵从而提高行车质量。最初只有 80 辆车采集信息。1997 年，经过一系列的工程后，项目进入应用阶段。虽然 FCD 带来的利益远大于传统采集方法，但由于成本问题在早期没有得到广泛应用。直到 2000 年美国政府取消了对民用信号的干扰，大部分“浮动车”都采用了 GPS，从而降低了成本，使得 FCD 用于交通信息采集有了可能性。随后，英国、德国、瑞士、日本等国家都对“浮动车”技术及其应用展开了大量的研究。

目前，FCD 的应用主要包括交通状况检测、拥堵自动探测、动态路径选择、车外导航、车辆部署、数字地图绘制、确定 OD、探测道路服务水平等方面。以下举例子说明 FCD 在交通状况检测方面的应用。一般情况下，可以将某一路段、区域的交通状况分为很畅通、畅通、较畅通、一般、较拥挤、很拥挤、堵塞几种情况。通过 FCD 得到车流的速度范围，对应可以得到交通的状况。例如，设某条道路的自由车速为 70 千米 / 小时，当通过“浮动车”信息采集系统测得车辆的行驶速度为 60~70 千米 / 小时，则可认为该路段很畅通；若测得的车速为 50~60 千米 / 小时，可认为该路段畅通；若测得的车速为 40~50 千米 / 小时，可认为该路段较畅通；若测得的车速为 30~40 千米 / 小时，可认为该路段路况一般；若测得的车速 20~30 千米 / 小时，可认为该路段较拥挤；若测得的车速 10~20 千米 / 小时，可认为该路段很拥挤；如果测得的车速小于 10 千米 / 小时，甚至为 0，则可以认为该道路堵塞。在此基础上，可以用不同颜色在电子地图或可变情报板上标示出路段的车流状态，为交通管理部门和出行者提供直观的交通状态信息。

2 让真相浮出水面——交通信息的处理

交通信息采集只是智能交通技术应用的第一步，采集得到的交通信息需要经过处理之后才能为我们所用。那交通信息是怎么处理的？需要用到哪些技术？下面我们将揭开交通信息处理的神秘面纱，让“真相”浮出水面！

交通数据压缩有多惊人?

小张是一名高校的研究生，对交通数据压缩技术十分感兴趣，他通过查阅文献知道目前已有许多方法被用于交通数据的压缩处理，实用的数据压缩技术包括：赫夫曼编码、LZW 编码、小波变换编码、分形编码等。

因此，小张运用小波变换和赫夫曼编码的方法对北京某路段的 65 个断面采集回来的流量、平均速度、占有率等交通数据进行压缩，压缩比达到 20 ∶ 1。可见，交通数据压缩技术有着不可忽视的作用。

交通数据压缩与数据挖掘

通常，交通信息处理的第一步就是对数据进行压缩。对于“压缩”一词，我们耳熟能详，如压缩饼干，就是一种为了减少存放体积、便于携带的饼干。又比如，当某天我们走在路上，碰见熟人时说：“吃过了吗？”我们知道这是在打招呼，既不是要请客也不是“没吃赶紧回家吃去”。这一句简单的“吃过了吗？”是礼貌的问候，也是一种信息的压缩。笼统地说，把一系列已有信息通过一定方法处理，使得其长度缩短，并且信息含量基本或者完全不变，就称之为压缩。由此我们可以触类旁通，很好地理解“数据压缩”。

数据压缩是指在不丢失信息的前提下，缩减数据量以减少存储空间，提高其传输、存储和处理效率的一种技术。在数据压缩过程中，按照一定的算法对数据进行重组，从而减少数据的冗余和存储的空间。

为什么交通数据可以压缩呢？首先，数据中间常常存在一些多余成分，即冗余度。如在交通数据文件中，某些符号要比其他符号频率高得多地重复出现或一些字符总在数据块中某一可预见的位置上出现。这些冗余部分便可在数据编码中除去或减少。冗余度压缩是一个可逆过程，因此叫做无失真压缩。其次，数据中间尤其是相邻的数据之间常存在着相关性：如交通信号具有一定的规律性、周期性和相似性等。因此，可以利用某些变换来尽可

能地去掉这些相关性。但在交通数据压缩的过程中，应避免不可逆压缩（压缩过程存在不可恢复的损失和误差）的出现。

随着智能交通技术的发展，交通信息采集设备的采集能力不断增强，不间断地采集到海量交通数据。庞大而复杂的数据既不利于前期的数据存储与传输，也不利于后期的数据分析，因此，需要设计高效的交通数据压缩方法，用于海量数据压缩，以节省存储空间，提高传输效率和质量，服务于实时及后期的数据处理与分析。

众里寻他千百度——数据挖掘

除了数据压缩外，您是否还听说过“数据挖掘”一词？与数据压缩一样，它也是交通信息处理的重要组成部分。

所谓数据挖掘，是指从数据库的大量数据中揭示出隐含的、先前未知并有潜在价值的信息的过程。数据挖掘可以高度自动化地分析数据，做出归纳性的推理，从而挖掘出潜在的规律，帮助决策者及时调整策略、减少风险、做出正确的决策。

数据挖掘包括数据准备、规律寻找和规律表示 3 个步骤，规律寻找一般使用的方法有：关联分析、聚类分析、分类分析、异常分析和演变分析等。

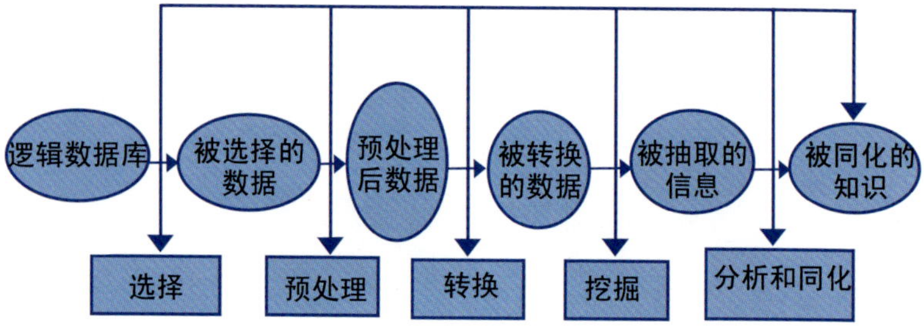

这里，我们只具体介绍关联分析。关联分析就是利用关联规则进行的数据挖掘。那么，关联规则又是什么呢？关联规则其实就是寻找在同一个事情中出现不同项的相关性，例如：“在一年内有 2 次以上闯红灯记录的交通违法者中，有 10% 的人会超过被记 12 分的交通违法临界。”从大量的交通记录信息中发现潜在的关联关系，可以为交通管理部门提供决策支持。

小知识

数据挖掘在交通管理的应用

交通管理部门对某地区的交通违法数据进行统计，很容易地发现以下规律：城郊路口闯红灯违法较多，而市中心主要路口闯红灯事件并不多；夜间闯红灯的比白天多，凌晨时段尤为突出。但是从管理的角度来看，这样的规律并没有多大的实际意义，因为城郊闯红灯突出，理应加强警力，但事实上城郊警力缺乏，根本无法保证路口交通警力的管理；同样地，凌晨时段闯红灯现象严重，但根据管理的需要，交通警力主要安排在白天，无法保证夜间警力的需求。通过简单的数据统计，找出表面原因并不是解决问题的办法。因此，如何通过数据挖掘，尝试找出数据间潜在的关联规则，帮助交通管理部门作出正确的决策，才是数据挖掘的作用之处。

通过数据关联分析，发现该地区从事交通运输行业的人员中，高中文化水平者居多，并且该文化层次的驾驶人自觉遵守交通规则的意识不高。由此，便可以对交通管理工作提出实际指导建议：例如对不同文化水平的驾驶人要区别对待，可以提高管理效率；对高中文化水平段的驾驶人加强培训，适当增加他们的考核难度，并要定期开展安全教育，提高其遵守交通法律法规的自觉性。

交通信息融合处理技术

前面讨论了通过交通数据压缩与数据挖掘技术可以获取多种形式的交通信息，这些交通信息是多种类、多角度、多层次的。如何通过这些信息得到有效的信息来辅助交通管理人员呢？这个时候就需要交通信息融合处理技术发挥作用了。

对于“信息融合”一词，或许我们并不陌生。在现实生活中，“信息融合”这一基本功能自然而然地得到了体现。我们通过眼、耳、鼻等器官，去感受外界的各种信息（形状、颜色、声音和气味等），然后融合起来，综合地理解周围环境及正在发生的事情，再做出相应的行动。

信息融合就是多种信息综合处理技术，将来自不同信息源的信息加以分析、处理与综合。交通信息融合处理技术也是交通信息加工与处理的一种方法。比如，通过各种渠道收集到车流量、车速、车间距、道路占有率、车辆违法信息、道路气象状况等基础的交通参数，都是未经过处理的，运用交通信息融合处理技术对这些基础数据进行处理，就可以估计目前或预测将来的交通状态。

目前，信息融合技术已经广泛应用在道路交通状态的估计和交通参数的预测中，此外，它在智能交通安全中也发挥了重要的作用。车辆的定位是智能交通安全系统的一个关键的技术。前面我们说到移动定位技术，它是属于车辆的绝对定位，不会产生累计误差，不过却需要 GPS 提供相应的地标地图等基础设施。另外还有一种相对定位技术——航位推算，也就是通过累计车辆行驶方向的行驶距离来估测车辆的位置，它会由于车轮打滑和旋转漂移产生累计误差。将这两种方法进行融合，取长补短，可以形成一个优化的信息融合定位系统。

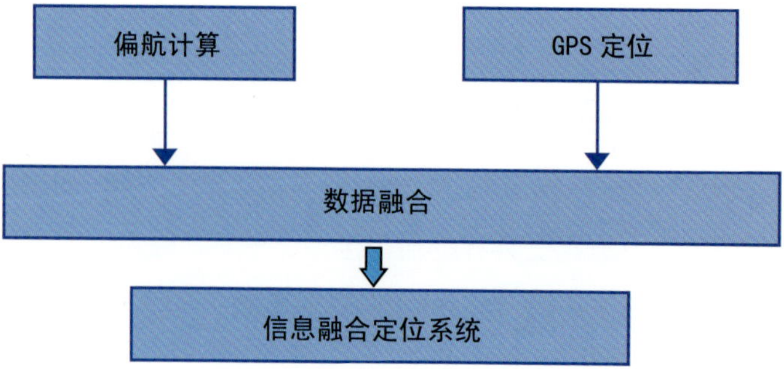

将交通信息融合技术应用于智能交通安全系统中，可以提高车辆定位的准确度，进而提高交通事故救援的效率。当然，除了上述介绍的功能外，交通信息融合处理技术还大有用武之地，它的作用也在慢慢地被挖掘中，让我们拭目以待吧。

延伸阅读

信息融合技术起源及常用交通参数融合技术

“信息融合”一词起源于20世纪70年代末期，并于20世纪80年代发展成为一门专门的技术。信息融合最早应用于军事，其优越性在军事领域上得到充分的体现，并渗透到其他各个应用领域，包括智能交通。

目前，常用的交通参数融合技术包括统计分析方法、模糊逻辑、卡尔曼滤波、人工神经网络等。由于交通参数的复杂性和随机性，单独使用某种方法进行融合可能达不到要求，往往需要有效合理地使用多种方法以降低信息融合的不确定性。

我国的无人驾驶汽车

2011 年 7 月 14 日，由我国自主研制的红旗 HQ3 无人车，首次完成了从长沙到武汉 286 千米的高速全程无人驾驶实验，创造了我国自主研制的无人车在复杂交通状况下自主驾驶的新纪录，标志着我国无人车在复杂环境识别、智能行为决策和控制等方面实现了技术突破，达到世界先进水平。红旗 HQ3 无人车由国防科技大学自主研制，7 月中旬它从京珠高速公路长沙杨梓冲收费站出发，历时 3 小时 22 分钟到达武汉，总路程 286 千米。

交通图像处理与模式识别

说到交通信息处理技术，不得不提的就是交通图像处理与模式识别。早期的图像处理只是为了改善图像的质量，后来发展为通过计算机用数学方法进行图像的自动处理与判读，也称为模式识别。它在多个领域都得到广泛的应用，例如，在智能交通领域，可以应用于车辆导航、交通监控和交通管理等 3 大方面，如我国

的红旗 HQ3 无人车就属于交通图像处理与模式识别在车辆导航这方面上的应用。

无人驾驶汽车需要传感器和测距仪来识别与其他车辆的距离，还要通过摄像机“看到”其他车辆、障碍物、道路宽度和道路交通标志。这一切都需要对采集的图像进行处理，再使用模式识别辨认出来。例如，对于高速公路等道路标线分明的道路，车道线通常为连续的白线或者白色的短画线，所以，对道路的检测就可以简化为对这些白线的检测。这样经过一定的检测和匹配过程之后，就可以得到车辆和道路的相对位置。障碍物检测也是将图像进行灰度处理，当检测到路面上有明显的非正常纹理边界时，系统会定义为障碍物。而周围的车辆相当于一种特殊的障碍物。可以通过检测与前车相隔距离和前车的速度来判断是保持跟随状态还是超越该车。值得一提的是，模式识别技术还能对驾驶人进行疲劳检测。我们都知道，驾驶人疲劳的时候会出现困乏、精神难以集中的状态，疲劳检测就是时刻监视驾驶人的一言一行。通过检查驾驶人眼睑运动的频率，或者车辆驶离道路中心线的距离来判断驾驶人是否处于疲劳驾驶状态。

图像处理与模式识别除了可以应用于智能车辆的导航，也可以应用于交通监控，包括车辆检测、车辆跟踪、事故检测、闯红灯检测、交通流参数检测等领域；还可以应用于交通管理，主要是指智能收费，包括车辆号牌识别和车型识别等领域。

小档案

车辆号牌识别系统

交通图像处理与模式识别的一个典型应用就是车辆号牌识别系统。车辆号牌识别技术是电子警察必不可少的技术。当车辆行驶在道路上,它的行动早已在电子警察监控范围内。当超速、闯红灯、甚至是驾驶人没系安全带时，车辆违法的记录会被高清照相机记录下来并传给了计算机，计算机经过车辆号牌识别就可以找到车主。

车辆号牌识别系统是现代智能交通系统中的重要组成部分之一，它能够检测到受监控路面的车辆并自动提取车辆号牌信息（含汉字字符、英文字母、阿拉伯数字及号牌颜色）进行处理，完成号牌的识别。它以数字图像处理、模式识别和计算机视觉等技术为基础,通过对摄像机所拍摄的车辆图像进行分析，经过号牌定位、字符分割、字符识别3个步骤，得到每一辆汽车唯一的号牌号码，从而完成识别过程。

车辆号牌识别系统的应用十分广泛，通过一些后续处理手段可以实现停车场收费管理、交通流量控制指标测量、车辆定位、汽车防盗、高速公路超速自动化监管、闯红灯自动拍摄、公路收费管理等等功能。对于维护交通安全和城市治安，防止交通堵塞，实现交通自动化管理有着重要的现实意义。

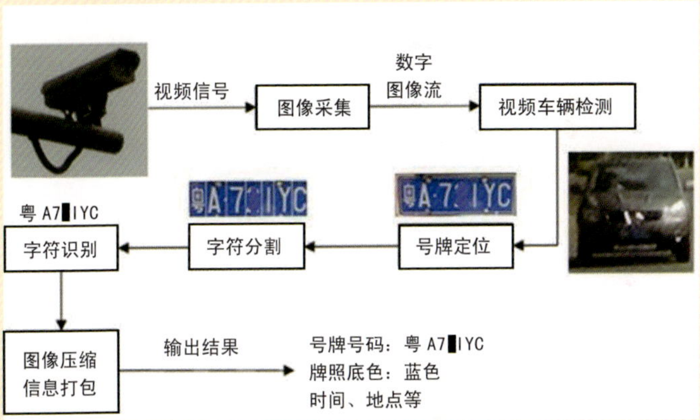

3 随时随地告知我——交通信息的发布

不知道大家是否经历过严重的交通拥堵，又或者是寻寻觅觅却找不到停车位，那种烦焦灼又无助的心情是难以名状的。如今，有了出行小助手——交通信息发布，我们就可以对特定区域的道路交通信息了如指掌，让出行变得轻松而愉快。

小故事

美好一天的开始

随着闹钟清脆铃声的响起，东东像往常一样起床洗漱，准备去上班。

东东是公交上班族中的一员，出门之前，东东总是要用“智能出行”查询一下自己要坐的公交线路到哪一站，估计一下公交车到站的时间再出门。

跟平时不一样，今天早上东东先要到B公司取一份文件再回自己公司上班。从家里到B公司没有直达的公交车，东东查询了一下，有两条路线只需要换乘一次就可到达B公司，“智能出行”推荐了步行距离最短的出行路线。眼看要坐的公交车马上就要到达楼下的公交车站了，东东马上出门，搭上了上公交车。到了换乘站，东东又查询了需要换乘公交的到站时间，“智能出行”显示还有3站。想着还有时间，东东又用“智能出行”查询了天气预报和股市行情……

顺利到达B公司取了文件，东东又坐上了回自己公司的公交车，时间比预期的早，东东还查询了交通状况，“智能出行”显示，前方道路通畅无阻。东东心情特别好，看来今天可以很快到达办公室，还有时间泡一杯美味的咖啡再开始工作，美好的一天就这样开始了！

个性化交通信息需求

在大城市里，每个人都有自己的出行方式和出行目的地，像东东，主要以公交为出行方式，他非常关心公交的到站时间，而你，或许是一名总想避开早晚高峰的自驾车白领，又或许是一名过马路需要十分注意安全的步行上学的中学生。显然，我们对交通信息的需求具有明显的个性化。

小知识

交通信息知多少

根据交通信息性质的不同，交通信息主要可以分为以下二类：

第一类为动态交通信息，主要包括道路拥堵信息、出行时间、突发事故、交通临时管制、实时的行驶（延误）信息、交通工具位置及行驶路线、不同交通方式的到离站时间、交通控制信号、交通诱导信息等；

第二类为静态交通信息，主要包括城市导向图、公交车路网图、公交车换乘信息、出行距离、交通站点分布、路段信息、停车场收费价格及站点分布、售票站等。

交通信息多如牛毛，到底什么交通信息才是有用的？那就要视乎我们交通出行中扮演着什么角色、采取什么出行方式、有何出行目的以及处于出行的哪一阶段，根据具体的情况，完全可以定制出个性化的交通信息需求。

比如，从出行方式的角度上来分析，对于不同类型的驾驶人来说，在交通信息需求方面会有很大的不同。例如，私家车驾驶人与商用车驾驶人相比，私家车驾驶人对气象信息、道路交通状况、行驶时间、行驶的安全性和舒适程度以及是否有停车位更为关心，尤其在节假日，担心路上会出现“车满为患”的现象。而对于商用车驾驶人来说，他们更关心气象信息、交通管制信息、备选路线、检查站和货运站的位置，以及与调度员之间的实时联系，他们更加重视行程时间，能否准时或提前到达。此外，他们希望得到更多的路旁服务信息，以缓解工作压力。而对于公交出行者来说，通常希望能够获取实时的公交出行信息，以尽量减少候车时间、换乘次数和步行距离，在出行过程中能够及时对其出行线路、方式做出适当的调整，保证出行时间最短。其次，公交出行者也关心车辆的拥挤程度。对于以步行为主要出行方式的出行者来说，通常就比较注重步行环境是否安全，甚至出行路线周边的景观是否赏心悦目。

个性化交通信息服务

由于有了个性化交通信息需求，个性化交通信息服务就顺应时代而产生。个性化交通信息服务是一种能满足用户个性化信息需求的信息服务方式，即根据用户明确提出的要求而提供交通信息服务，或通过对用户个性及其使用习惯的分析后，主动向用户提供其可能需要的交通信息的服务。它便于出行者确定合理的出行方式和出行路径，也是培养和表达用户自我个性，引导用户需求的一种方法。

轻松出行不是梦

小陈是一名广州的购物爱好者，每周必去逛街购物。又到了周末，小陈打算去太古汇转一转。拎起包锁上门，小陈坐上了自己的爱车，打开导航系统并输入了目的地，这时候导航系统发出了熟悉的声音："小陈请注意，前往太古汇的天河东路平均车速仅为5千米/小时，已经发生较为严重的拥堵，预计拥堵时间将持续两个小时。此外，预测太古汇的停车场将在10分钟后停满，建议您乘坐公交或地铁前往太古汇，以便节省出行时间。"于是小陈便下了车，向地铁站走去。

原来小陈的导航系统内置了交通信息融合处理系统，导航系统计算出最优路线后，交通信息融合系统便会根据这条路线上的基础交通参数计算目前的交通状态，并可以预测出行时间内道路的交通状态，让出行者可以合理地选择出行方式。这样，轻松出行不再是梦。

交通信息发布方式

怎样才能让人们及时地掌握交通信息，更好地制定出行计划呢？随着智能交通技术的不断发展，交通信息的发布方式也越来越多，越来越人性化。传统的交通信息发布方式可能导致信息的滞后，已经远远不能满足出行的需求了，新时代的交通信息发布方式应运而生。下面细说当今的交通信息发布方式。

（1）交通广播电台。交通广播电台是传统的交通信息发布方式，公共交通信息服务部门把实时路况信息、拥堵路段信息、突发性交通事故信息、交通管制信息、建议绕行信息以及其他服务信息提供给听众，使出行者尽早确定行驶路线。

交通广播发布的交通信息内容包括：路段流量信息（路段交通流量、高峰时间）、拥堵信息（拥堵路段、车龙排队长度、建议绕行路线）、交通事故信息（事故发生地点及时间、影响路段、处理情况、建议绕行路线）、交通管制及施工信息（交通管制路段及时间、交通管制措施、路段施工信息）等。

交通广播有明确的发布对象和目标听众，主要以出行者和准出行者为服务对象，提供出行前、出行中的动态或静态服务信息，具有信息快捷、实用、获取容易等优点。但也存在一些缺点，比如不易保存，瞬间即逝；选择性差，按时间接受，不能提前或推后；更无法提供个性化查询特定或局部路段的路况信息，信息有一定局限。

（2）热线电话。在广州当了 21 年的士司机的王师傅，以前开车时习惯听交通广播电台了解路况，但有时候很难听到自己要经过路段的情况，所以查询前方路段情况都是拨打 12580 或者发信息咨询，不仅乘客满意，也节省了时间。

当传统的电台广播无法满足出行需求的时候，我们可以通过热线电话或类似业务来了解特定路段的交通情况，同样可以让出行变得便捷。

（3）**互联网**。今天，互联网已经成为交通信息发布的常用方式，通过互联网，我们可以易如反掌地了解各地交通情况。举一个简单的例子，我们可以在谷歌地图上查询实时路况，如下图所示。

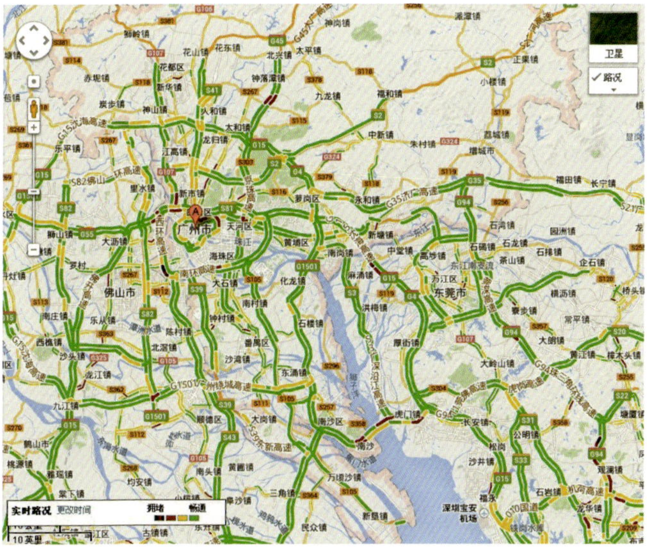

不仅如此，谷歌地图还可以根据历史的路况数据对未来进行预测，并且能具体到对每个小时路况的估计。

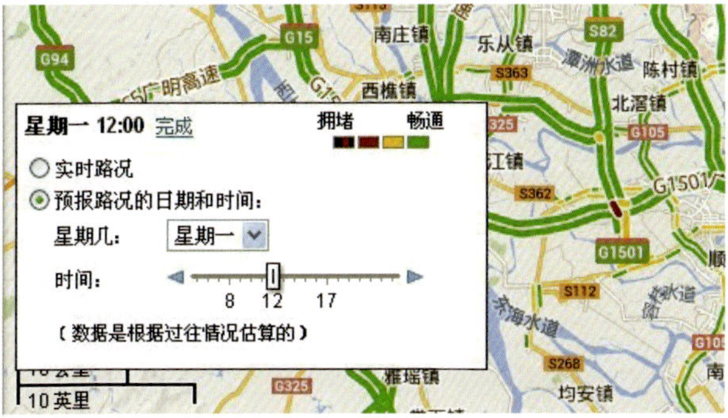

这种交通信息的发布方式是通过 WebGIS 实现的，WebGIS 可以定义为：在因特网上能够让全球用户使用全球范围内地理信息数据的地理信息系统。通过功能设计，可以在网页上显示地图，实现基本的检索，以及为乘客提供乘车指南。

（4）移动通信终端。随着手机用户的不断增多以及掌上电脑 PDA（personal digital assistant，PDA）的逐渐普及，以移动通信终端作为交通信息发布方式的发展前景十分乐观。

通过移动通信终端获取交通信息的方式主要有两种：一是通过无线上网方式登录 WEB 门户网站获取交通服务信息，主要包括：实时路况、路况地图、交通管制信息、公路出行信息、高速公路路况、公交车换乘查询、轨道交通图、票价信息等；二是借助于移动通信终端内嵌的导航系统，实现行驶中实时路径的导航。

此外，移动通信终端还为出行者提供了可自由定制的个性化交通信息服务，通过手机短信、彩信、WAP 等形式将交通信息发送到出行者的移动通信终端上，十分方便灵活。

（5）车载导航系统。车载导航系统由全球定位系统（GPS）、地理信息系统（GIS）和无线通信系统组成，具有监控调度、报警、远程遥控发动机熄火及断油、电子地图显示、自动存档、系统自检等功能，能够显示路网地图、车辆位置、实时交通状况、最佳行驶路径、交通事故等信息。在不久的将来，车载导航系统还可以显示目的地附近停车场的详细信息，包括停车场位置、总车位数以及当前车位数等。车载导航系统的路网地图存储了我国乃至世界各大城市道路的电子交通图、高精度的公路网以及其沿线村镇以上级别的地名，以方便出行者查询。

（6）**路旁信息服务设备**。路旁信息服务设备包括可变信息标志、可变限速板、电子站牌、指示牌、城市导向路标等路旁信息服务设备。目前路旁信息服务设备与车辆之间的通信采用专用短程通信 DSRC (dedicated short range communications, DSRC)，是一种专用于交通领域的短程通信技术，它为车辆与路旁信息服务设备提供单向或双向的通信，让车辆与道路之间有机地结合起来，从而使得出行车辆能使用交通信息网中的各种资源，同时，也为交通信息中心提供行驶车辆的相关数据。

延伸阅读

可变信息标志

可变信息标志 VMS(variable message sign, VMS) 是一种实时动态信息发布方式，它配合先进的交通控制系统（ATMS），可将交通管理部门提供的车速及路线限制、交通拥堵、交通事故、道路施工、天气情况等信息编辑处理后及时地传给道路交通的使用者。

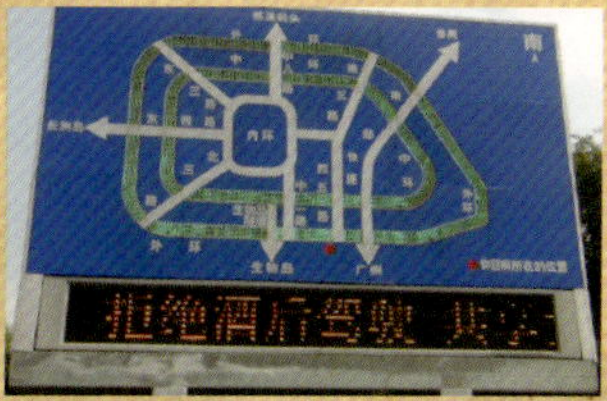

4 出行是这样组织的——交通仿真与信号控制

可检验限行方案的交通仿真

（1）广州亚运车辆限行政策。广州亚运会虽然已经过去了几年，但是亚运时期多姿多彩的生活相信大家还历历在目：精彩的开幕式和闭幕式表演、在赛场上为国争光的中国健儿的英姿、亚运志愿者亲切的微笑……我们是否还对亚运给广州生活带来的变化记忆犹新？例如，是否还记得在亚运期间，广州路上的车比以往的少了一些，走起来更顺畅一些。如果大家关心时事或者是一名广州的机动车驾驶人，就肯定会知道那是广州亚运期间实行车辆限行政策的成果。

延伸阅读

车辆限行制度

车辆限行制度是为了缓解城市交通压力而催生的一种交通制度。2007 年的“好运北京”奥运测试赛期间，北京开始实施单双号限行。单号的日子，只有车辆号牌末位数字是奇数的私家车可以上路，双号的日子，只能车辆号牌末位数字是偶数的私家车可以上路。措施实施以后对城市交通拥堵起到了缓解作用。

2010 年，经过 7 月和 9 月分别进行的两次单双号限行演练，广州决定在亚运会（11 月 1~29 日）、亚残运会（12 月 5~21 日）期间，早上 7 点到晚上 8 点实行单双号限行制度，保证亚运期间广州市交通服务线路正常运行和路面交通顺畅。

除了单双号限行制度外，广州还启用了 15 条亚运专用车道，每天 06:00~22:00，专用车道将禁止一切社会车辆行驶；此外，每天 06:00~22:00，部分路段禁止一切货车通行。

对于广州亚运限行，有不少人曾提出质疑，究竟交通限行方案是否真的有效？例如，被限车辆的车主为避免挤公交搭地铁上班，选择了提早开车出门，会不会导致在某个时间段单双号车流叠加在一起，使得上班早高峰的车流量猛增，路面更加拥堵？设置了亚运专用道，会不会导致其他车道更加拥堵？

面对这些质疑，广州市政府一方面采用了多次演练的方法，调整限行的路段和时间，希望达到最好的效果。但是，演练过程的时间很长，花费的人力和物力较大，并且没有预测性。因此，广州市政府应用交通仿真技术，针对广州亚运交通状况进行了预测分析。通过交通演练与交通仿真相结合的方法，为亚运时期可能遇到的交通问题做好了最充分的准备。

（2）交通仿真技术。仿真，顾名思义，就是以计算机和各种模拟设备为工具，利用系统模型对真实或设想的情况进行动态模拟。例如，现在最强的中国象棋软件就是模仿最顶尖的象棋大师在跟你下棋，许多象棋高手也胜不了它；又例如，利用飞行仿真器可以模拟火箭升空和着地的情况，在地面上就可以实现航天员失重状态下的体能训练……

交通仿真就是运用现代计算机技术，建立一个能够代替现实的交通系统的计算机模型的过程。这个交通模型能再现实际交通系统的特性，分析交通系统在各种设定条件下的可能行为，通过模型仿真试验的结果，以寻求现实交通问题的最优解，评价运输设施各类设计方案的效果。同时，它还可以为各种交通产品的设计开发和性能优化提供直接的技术支持，为说服交通管理决策层采纳新的交通理念提供帮助。

延伸阅读

交通仿真及建模

我们以广州亚运限行为例。假设A路段在亚运期间实行货车限行，A路段06：00~22：00禁止一切货车行驶，那么这种限行方案是否既有利于亚运车辆的畅通运行，也能保证整个路网的运作正常？

显然，当A路段禁止货车行驶时，原来要在A路段行驶的车辆必定要选择其他路。于是，我们可以围绕A路段划定一个区域（将受到车辆限行的影响区域），然后我们对这个区域的交通状况进行仿真。再假设06：00~07：00，A路段原本会有100辆货车经过，限行后这100辆车就会按照一定的比例（需要经过调查和数据处理来确定）添加到其他路段（B路、C路、D路……）上，添加这100辆车到其他路段之后，便得到这个区域路网在限行期间的交通状况了。如此类推地得出其他时间段的路网交通状况后，我们就可以得出了关于A路段限行后的一个简单的交通模型。最后就可以根据这个模型来分析这个交通限行方案是否有效——判定添加到其他路段的货车是否对这些路段的通行能力造成很大的影响，再综合

分析限行对整个路网的影响，权衡轻重之后我们就可以作出限行方案的最后评价了。

当然，一个交通仿真模型的建立并不是像上述例子讲的这么简单。一个路网仿真模型的建立要考虑很多因素，例如交叉路段之间车流的影响，工作日与周末的区别，不同类别车辆的行驶行为等等。另外，仿真模型建立之后还要通过实验验证，判定这个模型是否与现实交通情况相一致，才能被用于分析交通问题。

交通仿真的应用非常广泛，路网的仿真属于宏观交通仿真，不对单个的车辆行为进行研究。而中、微观的交通仿真研究的对象就比较小了，从一列车队，到具体每个车辆、每个驾驶人、甚至是每个行人。

交通仿真技术的历史可以追溯到20世纪50年代，但在最近20年才得到广泛应用，在这20年里，许多交通仿真软件被开发出来，如Transyt、Vissim 、Paramics、Aimsun等等，这些仿真软件为车辆出行状态、出行需求模型分析、交通控制方案、公交系统管理、车辆行驶路线追踪、事故仿真等交通问题的研究提供了良好的平台。

（3）**交通仿真优点多。**首先，交通仿真可以避免调研和试验所花费的过多的人力物力，也可以避免实地交通调查中可能出现的意外伤害。其次，一旦一个仿真模型建立了，就可以任意重复仿真过程，而且可以通过程序控制某些参数的变化。第三，与实际交通调查相比，交通仿真可以快速获得结果，缩短了数据获取周期，还可避免由于人为因素，如发生交通中断等干扰而造成的数据丢失或失真。最后，由于利用计算机模拟是对一种设想进行验证，它可以使某些参数（如车速、交通流量等）超出实际调查所能得到的范围，利用交通仿真进行模拟预测，还可以再现复杂交通环境条件下的车流运行特性，弥补观测数据的不足。

控制红绿灯工作的城市交通信号控制

（1）**你我都熟知的红绿灯。**“交叉路口红绿灯，指挥交通显神通；绿灯亮了放心走，红灯亮了别抢行；黄灯亮了要注意，人人遵守红绿灯。”

这首儿歌教育小朋友过马路时一定要遵守交通规则——看红绿灯过马路。这一节介绍的交通信号控制其实就是这个我们每天都见到的红绿灯。

我们在交叉路口上设置红绿灯，作用是显而易见的，就是在时间上隔离不同方向的车流和人流，控制交通运行秩序，以获得最大的交通安全，使在交叉道路网络上的人和车的通行效率达到最高。

（2）红绿灯的“点、线、面”控制。按管理范围可以将交通信号控制分为单点交叉路口交通信号控制、干道交通信号协调控制和区域交通信号系统控制 3 种，也就是所谓的“点、线、面”控制。

首先，我们重点来讲讲红绿灯的“点”控制。单点交叉路口交通信号控制就是以单个交叉路口为控制对象，它是交通信号灯控制的最基本形式。它的控制原理很简单，就是按事先设计好的控制程序，在每个方向上通过红、绿、黄三色灯循环显示，指挥交通流，在时间上实施隔离。道路交通安全法规定：红灯——停止通行，绿灯——放行，黄灯——清尾（即允许已过停车线的车辆继续通行，通过交叉路口）。

我们把每一种控制（即对各进口道不同方向所显示的不同色灯的组合）称为一个信号相位。一般情况下，信号控制灯多采用两个相位［如下图（a）］，即二相制，如东西向放行，显绿灯，则南北向禁行，显红灯，这是第一相位。第二相位时，南北向放行，显绿灯，东西向禁行，显红灯。当左转交通量比较大时，可设置左转专用相位，此时，信号控制灯采用三相制［如下图（b）］。特殊情况下，例如多路交叉的情况下，还会有四相、五相……

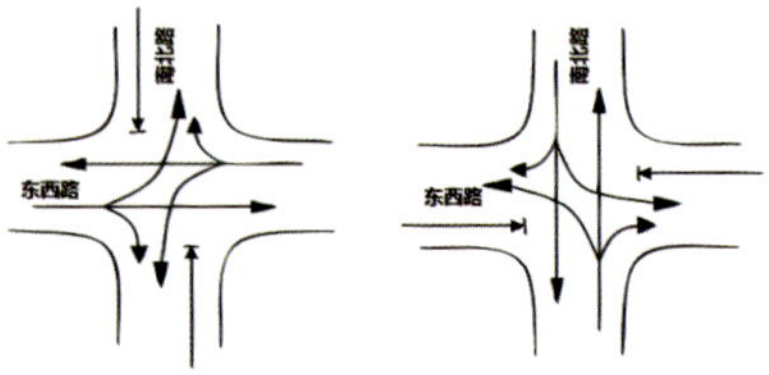

第一相位　第二相位

（a）

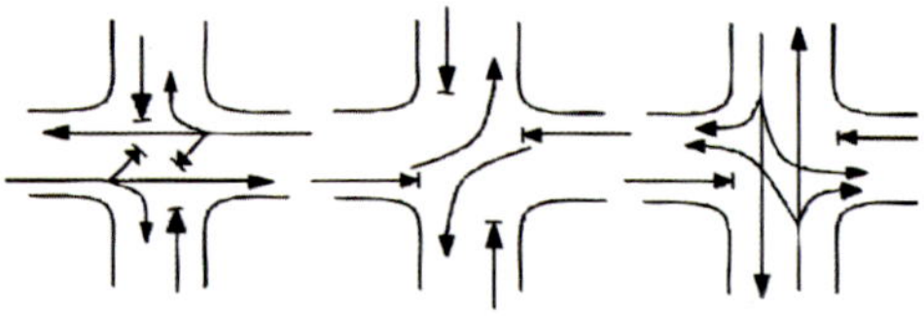

第一相位　第二相位　第三相位

（b）

延伸阅读

信号灯时间设置的计算

红绿灯的设置，其中最重要的一点就是确定红灯和绿灯的时间，红绿灯时间的设定并不是任意的，但原理也十分简单，下面就以两相制为例，介绍红绿灯时间是怎么设置的。

第一，要确定一组色灯变换所需的总时间，即周期长度，它等于红灯时间 + 绿灯时间 + 黄灯时间。周期长度根据交叉口总交通量确定，一般来说，交通量越大，周期长度就越长。

第二，根据两相交道路的交通量比值来计算红灯和绿灯的时间。计算比值时，应取道路上较大的那股车流方向为计算依据，如在十字交叉路口，南北向交通量为 400 辆 / 小时，北南向交通量为 350 辆 / 小时；东西向交通量为 370 辆 / 小时，西东向交通量为 450 辆 / 小时。那么我们就应取南北向交通量与西东向交通量的比值为 400 ∶ 450。假设我们在第一步算出了周期长度为 55 秒，并且确定了黄灯时间为 3 秒，就可以根据下面这个配时图算出信号灯时间：总绿灯时间 = 周期长度 −2× 黄灯时间 =55−6=49 秒，则南北

相位的绿灯时间为 49 秒 ×（400/850）=23 秒，

东西相位的绿灯时间为 49 秒 ×(450/850)=26 秒。

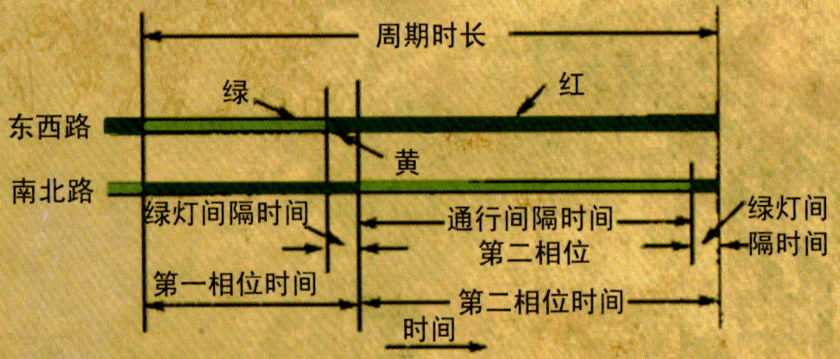

红绿灯时间的设置计算，大家明白了吗？

下面再简单介绍红绿灯的“线”控制和“面”控制。

干道交通信号协调控制系统也简称“线控制”，它是把一条主要干道上一批相邻的交通信号灯联动起来，进行协调控制，以便提高整个干道的通行能力。其中，“绿波交通”就是干道交通信号协调控制的最理想状态——车流沿某条主干道行进过程中，连续得到一个接一个的绿灯信号，畅通无阻地通过沿途所有交叉路口。实现“绿波”的关键是精确设置相邻交叉路口之间的相位差。

区域交通信号控制简称“面控制”，它把整个区域中所有信号交叉路口作为协调控制的对象。控制区内各交通信号都受中心控制室的集中控制，使区域内各交叉路口的交通情况处于快速、有效的宏观调控之中。

小档案

感应式红绿灯

上面介绍的红绿灯控制都是有固定周期的，而感应式信号控制是没有固定的周期长度的。

(1) 工作原理。在感应式信号控制的进口，均设有车辆到达检测器，某一相位起始绿灯，感应信号控制器内设有一个“初始绿灯时间”，到初始绿灯时间结束时，如果在一个预先设置的时间间隔内没有后续车辆到达，则变换相位；如果有车辆到达，则绿灯延长一个预设的“单位绿灯延长时间”，只要不断有车到达，绿灯时间可继续延长，直到预设的“最长绿灯时间”时变换相位。

(2) 基本控制参数。初始绿灯时间：给每个相位预先设置的最短绿灯时间，在此时间内，不管是否有来车，本相位必须亮绿灯。初始绿灯时间的长短，取决于检测器的位置及检测器到停车线可停放的车辆数。单位绿灯延长时间：它是初始绿灯时间结束后，在一定时间间隔内测得后续车辆时所延长的绿灯时间。最长绿灯时间：它是为了保持交叉路口信号灯具有较佳的绿信比而设置，一般为 30~60 秒，当某相位的初始绿灯时间加上后来增加的多个单位绿灯延长时间达到最长绿灯时间时，信号机会强行改变相位，让另一方向的车辆通行。

5 不停车收费通道——电子收费系统

电子不停车收费系统 ETC (electronic toll collection, ETC)，是智能交通的重要研究课题与服务功能之一，是目前国际上最先进收费系统，主要由 ETC 收费车道、收费站 ETC 管理中心、专业银行及传输网络等组成。驾驶人无需停车、收费站无需人为操作、过闸时无需现金交易，系统就能自动完成收费全过程。

电子收费的应用场合

近年来，随着我国经济的飞速发展，国民人均可支配收入不断提高，刺激了百姓的购车欲望，导致车辆的保有量大幅增多。每逢节假日，在高速公路和停车场的收费闸口，车辆排队交费的情况尤为严重。可以说，电子不停车收费的应用势在必行，它使高速公路和停车场的管理更有效率和更为规范。

20 世纪 80 年代，西方发达国家的不停车收费技术获得重大突破。1988 年，美国 Lincon 隧道首次开通不停车收费系统。20 世纪 90 年代初，ETC 第一次被引入中国，历经 20 多年发展，虽然在技术、应用与产业方面屡遭波折和反复，但我国坚持自主创新，不断寻求出路与突破。

（1）**高速公路 ETC 的应用**。高速公路是 ETC 应用的主要场合。2011 年底，我国高速公路通车里程已达 8.5 万千米，2012 年预计新增 1.1 万千米，超越美国的 10 万千米里程指日可待。目前，我国高速公路采用的收费方式主要分 3 种：人工收费、半自动收

费和不停车收费。其中，早期的人工收费已停止使用，半自动收费则是现阶段最主要的收费方式。

事实上，半自动收费只是使用一些机电设备代替部分人工操作，比如将人工审计核算转变为计算机数据管理，这已极大地减轻了收费管理者的劳动强度，那么当 ETC 得到广泛应用，高速公路收费管理又将是怎样一番景象呢？有业内人士预测，不停车收费将“彻底改变目前半自动收费的窘迫现状，为高速公路收费管理开创一个崭新的局面”。其效果真如所预测那般吗？下面我们一起来看看高速公路使用 ETC 的好处：

◆车道通过量大幅度提高。据估计，与停车收费相比，通行能力可以提高 3～5 倍，应付现有的节假日高峰车流绰绰有余。

◆管理效益明显提升。精简收费人员，实行计算机管理降低管理成本，同时，收费过程完全避免了舞弊和贪污现象。

◆节能环保。因无需停车，车辆加减速次数也变少，油耗随之降低，并且可以减少收费站附近的噪声污染和尾气排放，起到保护环境的作用。

◆营运安全系数提高。以广东省为例，未来将实现全省高速公路统一联网，实施整个区域内的联合稽查。比如：非法逃避通行费的嫌疑车辆进入高速公路后 10 分钟内，可查找出车辆历史行驶记录，并根据行驶记录提醒出口收费站做好拦截准备。

（2）停车场 ETC 的应用。当 ETC 在高速公路、桥梁以及隧道获得了广泛应用，它开始向着城市智能交通的更深层次发展，逐渐走进我们日常生活。大家可曾留意过身边的停车场？是否察觉到停车场的收费系统正悄然更新换代呢？

目前国外的停车场已基本进入智能化和无人收费阶段，而我国大部分停车场仍停留在人工收费阶段。在广州市的繁华路段，经常可以见到由于停车场入口的拥堵造成整条街道的拥堵。可喜的是，广州街头或居民区的停车场越来越多选择了 ETC 收费。

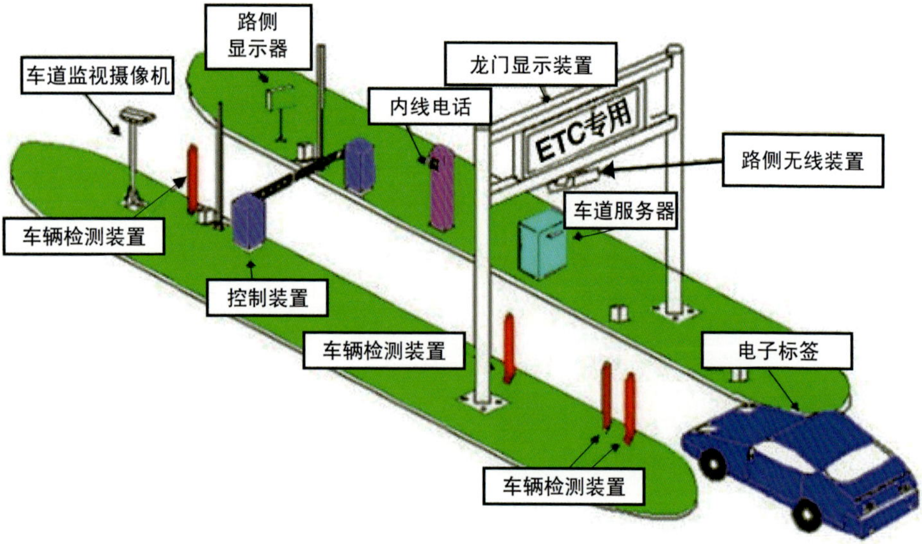

既然 ETC 优势如此明显，那么，大家对 ETC 车道工作原理又了解多少呢？结合下图我们可以看到，当系统监测到车辆进入 ETC 车道，安装在支架上的路侧无线装置与车载单元自动交换信息，ETC 车道计算机根据车载单元中存储的信息识别出车辆信息，再根据车辆的行驶情况，从车主的银行账号或储值中扣除通行费。交易成功后，车道栏杆自动抬起放行车辆；车辆通过后栏杆再自动降下。整个过程无需人工干预，车辆可快速通过 ETC 收费车道。

延伸阅读

ETC 的“前沿阵地”——广东省

1994 年，广东省交通厅率先针对不停车收费的可行性进行过探讨。

1995 年，交通部交通科学技术司正式确立了《广东省路桥电子收费系统研究和推广应用》为交通部重点科技攻关项目，广东路路通有限公司被委以重任，负责研制。

1997 年 6 月，该课题通过了交通部技术成果鉴定，成为我国第一个实际推广应用，符合国情、民情的路桥电子收费系统。

2002 年，全省高速公路开始推行电子不停车收费。

2007 年 5 月，为了大范围、大规模推广 ETC，实现区域联网运行，交通部开展了 ETC 不停车收费系统区域联网（长三角、珠三角、京津冀区域）试点示范工程。

2012 年 8 月，广东省已开通高速公路 ETC 车道 447 条，覆盖率为 36.5%，珠三角地区覆盖率达到 60%，基本达到国家目标和要求。现有 ETC 收费卡——粤通卡用户保有量已突破 175 万张，位全国第一。

电子收费相关技术

如何才能使 ETC 高效、可靠地完成收费过程，达到最大的车辆通过率，并且让顾客舒心地接受服务呢？其中的关键技术大家知道多少？下面我们主要介绍 ETC 的 3 大相关技术。

（1）自动车辆识别技术（automatic vehicle identification，AVI）。自动车辆识别技术是指当车辆通过某一特定地点，不借助人工就能将该车辆的身份识别出来，它是 ETC 的基础。车辆身份则泛指车辆本身的代表符号以及其一切属性，但无论代表符号有多少，车辆至少拥有一个可供识别且唯一的标志。其中，车辆号牌是大家自然而然想到的车辆标志之一。理论上，只要读取每辆通过车的车辆号牌便足以达到车辆识别的目的。但这对人眼来说往往比较容易，要让机器自动识别有时却难以实现。目前常见的有基于视频图像的自动车辆识别技术和基于电子标签的自动车辆识别技术。

现代的自动车辆识别产品种类极多，皆具特色，但基本的系统构架却大同小异，由 3 个主要组件构成：

◆车载单元(On—Broad Unit)，是车辆“身份证”，如电子标签，它附属在车辆上，可以是固定的，也可是活动的。作为识别车辆用的标志，其本身拥有可供识别的唯一信号。

◆路侧阅读单元（Road—Side Reader Unit），用以接收或识别车载单元发出或反射的信号，并把信号解释成有意义、可供阅读的文字或数字资料，以供进一步分析计算使用。当 ETC 用户驾车经过 ETC 车道时，电子标签被路侧标签读写器的天线辐射出的信号激活，进入工作状态后根据接受到的命令向天线回送相应数据。

◆数据处理单元，将解读单元解译出来的车辆资料同计算机数据库里的资料比对，验证身份并进行数据处理工作，包括通行费的计算，以及交易时间、地点和流水号等资料的登录等。

（2）自动车型分类技术（automatic vehicle classification，AVC）。自动车型分类技术是指利用硬件、处理程序确定车辆类型，由各种车道传感器测量车辆物理特征，再输出信息至处理器汇集，根据处理后的信息对车辆进行分类，并将确定的结果与相关系统记录比对，以确保按车型实施正确收费。

常见的车型类别获取途径有两种：一种是通过读取车载标识卡中存储的车辆号牌和车型类别代码获得车型信息。但由于卡内储存的车辆信息不能修改，一旦有用户将标识卡从原有车辆上拆卸下来，重新安装到其他类型的车辆上，那么光靠通信获取卡内信息已难辨其真伪。另一种是通过安装多种检测设备，如红外线探测器、光纤传感器等，检测车辆轴数、轮数或外部几何尺寸等特征参数，然后综合专用软件进行辨别。但这种检测方法设备投资偏高，维护管理费用也较多。

因此，目前采用的车型分类方法是双管齐下。不过，主次有别，以从电子标签中获取的车型信息为主，检测所得的结果作为验证，从而大大降低差错的可能。

（3）逃费抓拍系统（video enforcement system，VES ）。 2012 年国庆黄金周期间，为提高通行速度，高速公路对 7 座及以下小型客车采取不发卡措施，直接抬杠放行。但在措施执行首日便出现少数非免费车辆混杂在免费车辆中直接冲卡逃费的现象。对于这般恶劣的行径，各省高速公路管理部门根据视频监控资料和车牌抓拍照片，将逃费车辆列入黑名单，以便秋后算账，此举显示出强大的威慑力。

如何才能有效遏制逃费车辆及冲卡行为的发生呢？轮到 VES 大显身手了。在 ETC 系统中，VES 利用高清摄像头抓拍没有装备有效电子标签但使用了 ETC 车道的通过车辆号牌图像，与此同时由栏杆、收费员组成双保险，扼制冲卡逃费行为。如果有个别冲卡行为发生，VES 将提供有力的现场证据，肇事者将难逃严厉的处罚。

四 无处不在的智能交通应用

小故事

知九地之变，然后可以择地利而行之

在2010年初热播的史诗式电视连续剧《人间正道是沧桑》中有这样的场景：北伐战争时期，一位来自江浙地区的小伙子杨立青来到广州投考黄埔军校，考试时他操着标准的正步，从考场门一直走到考官的面前，当考官问他为什么数学只考了三十多分，却对正反比例这样深的数学题却能考得高分，是不是作弊时，杨立青说，他曾在一个老制图师手下当学徒，跟老人学习画地图，画地图要用上正反比例，那是他的饭碗，所以他才对正反比例那么熟悉。杨立青还说，他能在十分钟内画出一张湖南省地图来。说完，他就在考官们背后的大黑板上画起来，而且边画边解说湖南的山川地貌和人文特点，把考官们都镇住了，立即同意批准杨立青进入黄埔军校学习。还有教官说，上一次白崇禧将军到黄埔军校讲课，一张湖南地图就画了半小时，把学员们都闷坏了，下次再有军事长官到军校讲课，就让杨立青替他们画地图。

为什么军校考官们那么重视考生的绘制地图能力呢？那是因为军队行军、打仗、攻防、驻扎，都要考察地形地势的利弊，所有这些都需要依靠地图，正如《孙子兵法》所说的：“夫地形者，兵之助也”，“知九地之变，然后可以择地利而行之”。

我们住在大城市，每天开车去上班或办事前，必须知道哪条路畅顺和哪条路拥堵，只有选择最畅顺的行车路线，才不会迟到误事；或者我们休假时驾车出游，在陌生的地方要找到游玩的景点，也必须依靠地图才能找得到。如今有了卫星导航定位仪等智能交通服务系统作为“活地图”，无论在城市中或者是驾车出游，都可以“畅通无阻”！

1　自信出行不盲目——出行信息服务系统

当我们驾车出行的时候，最想知道的就是将经过的道路是否畅顺，有没有发生交通事故而造成了拥堵，是否还有新近通车的路可以更快捷地到达目的地。这些实时的交通信息对汽车驾驶人来说是非常重要的。智能交通的出行信息服务系统就是为驾驶人提供这样便利的服务。

出行前信息系统可完成如下任务：一是给要出行的人提供交通信息，出行者可以通过办公室或家庭的计算机、电话、广播或电视等，获取当前道路交通的状况、公交实时报站等信息，以帮助他们选择最佳的出行方式、最适宜的出行时间和最合适的出行路线。二是给途中的驾驶人提供途中交通信息，一方面可以通过车载信息单元或路边动态信息显示板，向出行者提供要到达目的地沿途的道路交通状况、前方交叉路口阻塞延误时间、目的地附近的停车场及其他服务设施情况和目的地天气情况等信息；另一方面可以通过路径诱导系统对车辆定位和导航，使汽车始终行驶在最佳路线上。

延伸阅读

公众出行交通信息服务系统

公众出行交通信息服务系统是依托公路信息资源整合系统和客运站场管理信息系统的信息资源，通过互联网、呼叫中心、移动终端（手机、PAD 等）、交通广播、路侧广播、图文电视、车载终端、可变信息板、警示标志、车载滚动显示屏、分布在公共场所内的大屏幕、触摸屏等显示装置，为出行者提供较为完善的出行信息服务。

该系统可以为驾驶人提供沿途的路况、突发事件、沿途施工、气象和环境等信息，也可以为采用公共交通的出行者提供票务、营运、站务、转乘等信息，据此出行者可提前安排出行计划，变更出行路线，使出行更安全、更便捷、更可靠。

同时，该系统还能与铁路、民航、旅游和气象等相关的各类信息进行整合，与广播和电视结合，提供更全面、更多方式的服务，让公众切身感受交通信息服务的便利。

今天你有什么出行打算？

有什么出行打算，先上网查查需要的交通信息，这是多么明智的行为！道路交通基础设施建设日新月异，除了正常的上学上班的路线外，你还了解其他的出行路线吗？比如，周末要去番禺大夫山烧烤或者去长隆欢乐世界玩机动游戏；小长假想去韶关丹霞山看日出或者去阳江海陵岛看沙滩戏浪。如果你身在广东，那么一天的出行打算可以从广东省公众出行交通信息服务系统开始。

我们打开服务系统的首页，在出行向导一栏输入出发地和目的地，系统会自动地显示出实时路况和地图、出行费用以及出行路线的说明。根据实时路况和地图，可以查看当前交通是否有突发事件或交通拥堵情况。此外，在出行前还可以了解如下信息——在道路施工一栏中，会滚动显示近期全省的道路施工路段、施工时间、封闭时间以及预计开通时间；在高速路通行费查询一栏，可以按出发地、目的地、车型分类来查询所需费用，给出行路线的选择提供更多依据。

如果出行前接触不到电脑，用手机也照样可以查询到需要的交通出行信息。在上车之前，我们可以通过手机查询交通信息中心，向它提供出发地和目的地的资料，就可以收到信息中心传来的服务信息，其中包括可以选择的道路和当前的道路交通状况等。这样在出发前，我们就已经知道了哪条路好走，哪条路正在堵车。这些信息可以帮助我们更改或调整出行时间。

下一辆公交车什么时候到?

在站台上苦苦地等了半天，公交车就是不来；同一路车一来就是两三辆，前面的车挤满人，后面的车空空荡荡……每天坐公交车的上班族，可曾奢望过能预知下一辆公交车抵站的时刻？有了这个信息，他们就可以静静地等候自己想要搭乘的那辆车了。其实这样的“奢望”已经在全国很多城市实现了。

你知道吗

智能公交站牌

不久前，由上海科学院信息技术研究所实施的节能型公交电子站牌系统，在上海杨浦区新江湾城地区 1201 路公交线上示范运行，为市民提供了实时的出行服务。有了这种站牌，在站点等候的乘客一看指示灯，就能知道下一辆公交车的位置所在。

在 1201 路公交车站，站牌上有一条含 14 个站点的线路，上面的每一个站点都是指示灯；每两个站点之间，有一根箭头。下午 5 点，正是公交高峰时段，只见在整条线路上，有 3 个站点的指示灯上亮着红灯，这就说明在 3

个站点上有公交车靠站。此外，还有两个箭头亮着灯，说明有两辆公交车正行驶在某一路段上。整条线路上的所有公交车位置都一目了然。等车的市民想知道下一辆车大约什么时候到，看一眼站牌即可得知。

节能型公交电子站牌系统以低功耗嵌入式系统为智能控制核心，结合北斗/GPS定位、地理信息系统（GIS）、智能传感器等技术，并采用了太阳能发电系统供能。有了太阳能电池板，智能站牌无需接入城市电网，即使在阴天也能连续运行7天。

与这种暂时还没有普及的智能公交电子站牌系统相比，通过手机软件查询下辆公交到站时间，也深受广大市民的欢迎。我们只需要下载一个免费的手机客户端应用软件，用手机登录公交网站，无线智能公交系统就能自动定位我们所在的位置，同时显示周边行经车次、停靠站点、车辆到站时间等各种信息。

小知识

可解决公交候车难题的“行讯通”

公交车什么时候能到？我还要等多久？——不少公交乘客在候车时都会这样想，未知而长久的候车时间会让乘客变得心烦气躁。由广州市交通部门推出的“行讯通”软件成功地解决了公交乘客候车“不知等多久”的难题。

大家是否用过“行讯通”软件呢？有没有对它带来的方便赞不绝口？只要把这款软件安装在智能手机上，一切广州交通资讯尽在指间。通过“行讯通”，可以查询到各公交车路线车辆的到站情况，点击“实时公交”模块，在“线路查询”一栏输入所等待的公交线路，便可以看到此路公交车在各站的分布情况。若看到自己所要等的公交车还在较远的站点，乘客可以决定是否改乘其他交通工具，不过“行讯通”目前仍无法精准算出从一个站点到另一个站点所需的时间。此外，“行讯通”还可查询路况信息、航空信息、铁路信息、的士以及公路客运的实时班次、票价等信息。

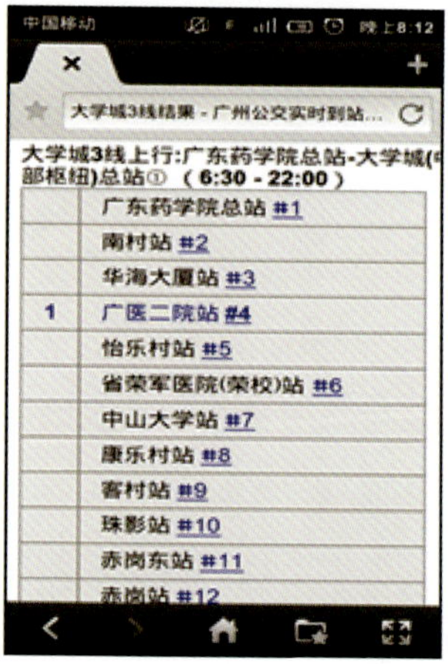

看来我得改变路线了

计划好的出行路线、预计好的到达时间总是会因为意外事故而变化；在高速公路上，往往是在我们驶入后才发现堵住了，此时想掉头已不可能，只能在那里焦急地等待着前面情况的解决……如果有人能在未进入拥堵路段时就告诉我们前面道路的信息该有多好啊！

细心的驾驶人会发现，近年在广州市区内常见拥堵点、各主要高速公路出入口附近渐渐地多了一些动态交通信息板。车主可通过动态交通信息板实时了解附近路况，避免进入拥堵区。动态交通信息板每隔 5 分钟就会发布一次路段平均行驶速度信息，而且会用不同的颜色表示不同的线路流通状态，车主可以根据信息板上的提示，选择是否需要改变路线。

除了被动地通过动态交通信息板获取实时路况信息，我们还可以通过电话、网站和短信的方式来主动寻求所需的信息。现在，我们可以在广东省公众出行交通信息服务系统中订阅自己所需的道路信息，有助于避开拥堵路段，节省出行时间。比如用户可以通过短信方式定制服务信息，可预订指定路段指定时间范围内的实时路况、突发事件、公路施工等信息，系统就会通过短信实时发送订阅的道路信息。

你找到停车位了吗？

当我们兴高采烈地驾车到达购物中心，却发现兜兜转转很久都找不到停车位，各停车场门口都高悬着“车位已满”的牌子，这是一件多么扫兴的事！其实节假日时在购物中心、旅游景点等地附近兜转的车又岂止三五辆呢，无处安身的私家车霸占在本已“车满为患”的道路上，停车真难。

小故事

无奈的停车

中心商业区停车位紧张小明早有耳闻，尽管他已有心理准备，但那天小明开车送母亲和妻子去逛商场还是让他着急冒火。

在停车场外排队的车龙几乎不动——里面出来一辆车才能进去一辆。小明让老婆跟老妈先进商场逛，他在车里慢慢排队等车位。等了半天等得心烦，小明灵光一闪，钻进旁边小巷看看有没有车位。小明在巷里转了一圈也没找到车位，只好回来重新排队。

终于等到小明进停车场了，他边抱怨边开进停车场找车位。由于没有找到车位，在里面转了一圈又绕回大门口。小明生气地问门口的保安：“刚开出去的那辆车刚停哪儿，我怎么没找到空出来的车位！”保安打趣地说：“你刚才怎么不问他呢？”

停车难是世界各国大城市里普遍存在的问题，由于停车设施的供给受到土地资源和资金等因素的制约，现阶段只能通过加强管理来解决该问题。当前停车难的问题在很大程度上是缺乏停车相关的信息和诱导设施，造成驾驶人不能尽快找到停车场，为了寻找停车位，不得不沿着道路四处兜圈子，增加了路网压力和能源消耗。为此，世界很多城市发展了停车诱导系统，它是自动终端情报服务在停车领域的典型应用。

延伸阅读

停车诱导系统

停车诱导系统包括大型停车场停车智能引导系统与城市停车诱导系统，它是以多级信息发布为载体，实时地提供停车场（库）的位置、车位数、空满状态等信息，指引驾驶人停车的系统。该系统包括两方面内容：一是对驾驶人发布相关停车场、停车位、停车路线指引的信息，引导驾驶人抵达指定的停车区域；二是停车场的电子化管理，实现停车位的预定、识别、自动计时收费等。

停车诱导系统是怎么实现诱导停车的呢？在停车场的各出入口，均有泊位信息采集设备，实时地检测进出车辆，采集停车场车位变化数据。它就像我们班里的考勤员一样，上课坐在门口，准确地登记着进出课室的同学。然后通过无线通信网络由停车诱导系统进行集中处理，生成对应各停车场的空余车位数据。对应停车场的空余车位数据再通过无线通信网络，传达到相应信息显示牌上显示空余车位，从而向驾驶人提供各停车场的有效空位信息。

停车诱导系统一般包括3个主要部分：停车场数据收集系统、数据判断处理系统与停车场数据综合发布系统。其中停车场数据综合发布系统分一、二、三级诱导数据，分别显示在一至三级动态显示屏上。其中，一级诱导显示屏是指设置在市区主要交通干线上，用于发布多个停车场（库）的名称、位置、实际车位状态

信息的显示装置；二级诱导显示屏是指设置在停车场（库）周边区域的街道两旁，用于发布停车场（库）的名称、行驶路线、实时车位状态信息的显示装置；三级诱导显示屏是指设置在停车场（库）入口附近，用于发布单个停车场（库）的名称等信息的装置。

停车诱导系统不仅可以调节停车需求在时间和空间分布上的不均匀，从而提高停车设施使用率；还可以减少由于寻找停车位而产生的道路交通量，减少为了停车造成的等待时间，从而提高整个交通系统的效率。

2　陌生地方不迷路——车辆导航系统

想从前，出门远行凭脚力；看今朝，畅行天下有车子。工业革命的产物，人们出行乘坐的最佳工具——汽车早已走进千家万户，成为人们日常生活中不可或缺的交通工具，而车辆导航仪则是汽车的绝佳搭档。有了它们，再遥远的路途也不会迷茫；有了它们，畅行神州不再是梦想；有了它们，人人都能成为现代的旅行家。

车辆导航系统是集成了 GPS 技术、地理信息系统技术、多媒体信息技术、数据库技术以及无线通信技术等高新技术于一体的综合系统。

一般来说，从导航功能实现的角度来看，车辆导航系统可分为两类：一类是自主式车辆导航系统，其定位和导航功能完全由车载导航计算机独立实现，系统的车载导航计算机都具有GPS定位和电子地图的存储设备，并且能够独立完成地图匹配、路径规划和路径引导等功能。另一类是中心站决定式导航系统，此类系统对车载导航计算机要求较高，需要无线通信网络支持以保证车载导航计算机能够实时与中心站进行通信，中心站结合实时交通信息对车辆进行导航。

小知识

车辆导航技术

车辆导航技术是实现智能交通的关键技术，它是利用全球定位系统（GPS）对行驶的车辆进行定位，运用里程表和陀螺仪等传感器设备检测车辆的行驶状态，并借助导航电子地图，多媒体信息处理等技术手段，使交通控制中心和驾驶人可以准确地掌握车辆所处的位置。车载导航计算机可以显示车辆所在位置、交通路网以及路况信息，并为驾驶人找到从始发地到目的地的最优行车路径，避开交通拥堵，减少交通意外，有助于实现交通流量在整个交通路网上的合理分配，使交通路网能够得到最合理、最有效的利用。车辆导航技术将驾驶人、车辆和交通路网紧紧地联系在一起，形成了人-车-路三者有机结合的智能交通系统，车辆导航技术在智能交通系统中起着不可替代的作用。

自驾出游还迷路吗？

在跟旅行团旅行时，当我们坐在旅游团的大巴上看到窗外迷人的景色，想拍几张照片，谁肯为你停车呢？当我们觉得旅行团指定的饭店口味不合，满腹牢骚时，又有谁能给你改变菜式呢？与缺乏旅游乐趣的包团出行相比，自驾出游吸引了越来越多的人，尤其是有了车辆导航系统，人们再也不用因为找不到路而被迫一定要跟团了。

人们通常会自发地组织车队出游，一起享受组团自驾游的乐趣。在没有车辆导航的情况下，大家常常会通过跟车的方式一起向目的地出发，然而，由于交通信号灯等缘故，一般都不能顺利地跟紧“车头”，最后导致车队走散。现在有了车辆导航仪，大家只需要约定好聚集地点，就可以按照导航设置的线路，各自出发，到达目的地集合，一起欢度假期。

汽车使人的触角变长，活动范围变大，导航仪则为人们出行保驾护航，指引前行的方向。有了这两样利器，畅游神州成为可能，每个人都可以成为现代的徐霞客——去感受黑龙江漠河的严寒，沐浴海南岛三亚的椰风，品尝新疆吐鲁番的葡萄，目睹上海浦东的繁华……

小故事

彼得的 95 天中国自驾游

有一位名叫彼得的“老外”，开着一辆老式的卡特汉姆车从上海吴淞口出发，沿长江畔而行，途经南京、合肥、黄山、南昌、长沙、武汉、张家界、桂林、南宁、成都、昆明、丽江、成都，然后经 213 国道到达兰州。他到达西宁后，经格尔木沿青藏公路进入西藏，抵达三江源头沱沱河。之后，他到了拉萨，又转走川藏线，经 318 国道，再次抵达成都，沿 214 国道到达西宁后，沿着黄河畔顺流而下，经银川、鄂尔多斯、榆林、壶口，历时近 3 个月的长途跋涉，抵达西安。彼得在西安稍作休整后，仍要继续沿黄河畔顺流而下，一直达到黄河的入海口，结束此次中国两大河之旅。彼得开着卡特汉姆车，沿着长江和黄河，途经了约 20 个城市，旅行路线绵延两万多千米，全程历时 95 天，游历了各地的自然风光和城市风景，探索并发现了一个鲜活和精彩的现代中国。

它是怎样找到这条路的?

我们上车后在车辆导航仪上输入目的地，稍等片刻就会听到“路径规划已完成”的提示，然后按照它的语音提示行驶，就能顺利到达想去的地方。那么，它是怎么找到这条路的呢？

对于车辆导航系统，从功能可以划分为 GPS 定位、数字电子地图、地理信息引擎、路径规划、路径引导、地图匹配、人机交互界面、无线通信 8 个模块，它们按下图的方式紧密联系着。

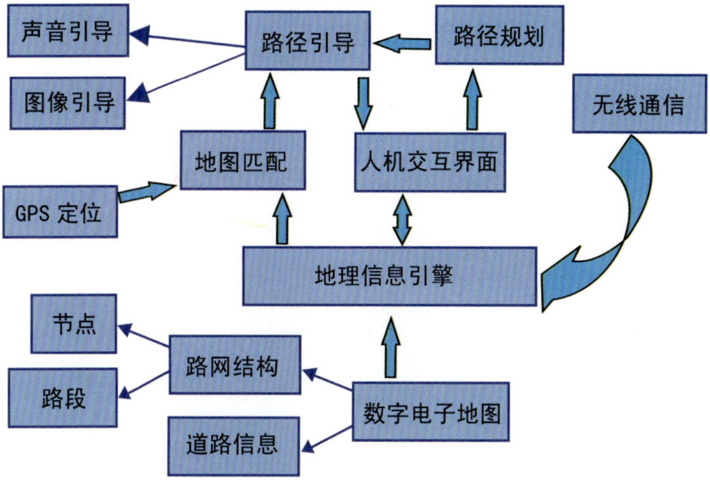

GPS 定位由 GPS 定位传感器、滤波器和数字处理电路组成，主要用于确定车辆的实时位置，提供实时、连续的位置信息用于车辆导航。在整个导航系统中，GPS 定位的角色就好像一位监控人员，他会向系统报告我们的实时位置，以确保我们走在正确的路径上。

数字电子地图对于车辆导航系统是必不可少的，它包含以预定格式存储的数字化导航电子地图，为车辆导航提供诸如道路位置及坐标、交通路段限制、房屋建筑等基础设施的多种信息，是为我们提供路径导航的坚强后盾。

地图信息引擎，则是按照预设的格式存储与路网有关的数字电子地图信息，使导航计算机可以完成与数字电子地图相关的各种功能，它是操作电子地图数据库的接口，可以提供地图显示、浏览、标注、刷新以及各种信息服务的功能，是整个车辆导航系统的基础。

路径规划是车辆导航系统根据存储于电子地图的道路信息，采用特定的算法，确定起始点与目的地之间最优行车路径的过程。一般来说，依据导航电子地图中的道路信息，路径规划会找出车辆所在位置到目的地之间总的行车代价最小的路径，所谓的行车代价指的是行车

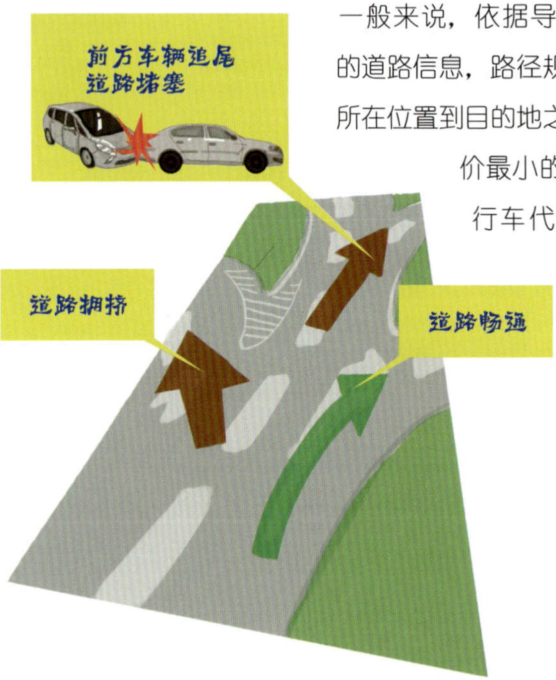

距离、时间、费用等因素，行车代价最小，说明所选择的路径即是最优行车路径。

路径引导是在路径规划模块得到最优行车路径之后，路径引导模块按照所得的路径引导驾驶人行车的过程。一般来说，路径引导模块将最优路径转化为能够被驾驶人识别的音频或图像，实时地发出声音或展示图像指令引导驾驶。

地图匹配是将 GPS 定位模块输出的定位信息与电子地图数据库提供的道路信息进行实时比较，并修正车辆行驶路径与地图显示路径之间的误差，通过适当的匹配模式和软件方法确定车辆当前的行驶路段以及所处的准确位置。

人机交互界面是车载计算机与驾驶人之间的交互界面，驾驶人可以通过它将位置设定、地图操作、信息搜索、路径规划等操作指令输入导航计算机，车载导航计算机通过该模块将以电子地图为背景的车辆位置信息、路径规划结果、路径引导的实时指令等各种驾驶人所需的信息以语音、图像和视频等多媒体方式传达给驾驶人。

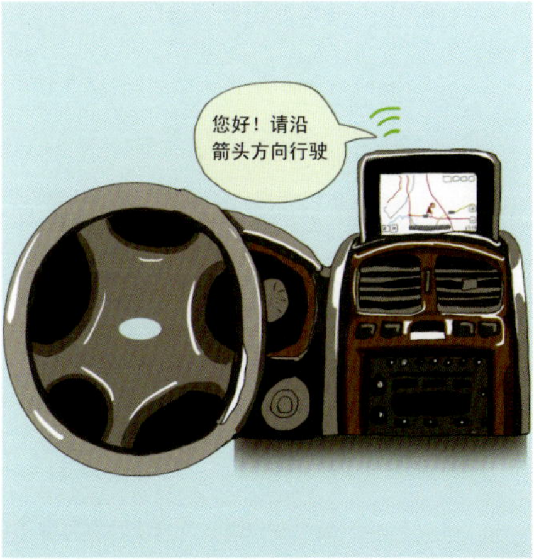

无线通信可以实现车载导航计算机与交通管理系统通过无线通信模块完成信息交换，交通管理系统可以获取车辆行驶的实时信息，驾驶人也可以了解当前的路况信息。该模块的功能实现需要移动通信网络的支持，目前还存在许多的技术问题等待解决。

3 一切尽在掌控中 ——车辆监控与调度系统

汽车丢了能找回吗?

（1）爱车被盗能找回。今天，汽车已经成为我们生活中必不可少的交通工具。特别是在经济发达地区，许多家庭都购置了自家的爱车，汽车保有量快速上升，但随之而来的汽车被盗的案件也屡屡发生，在我国，每年发生盗车案件 10 万多起，平均每天被盗车辆就有 300 多辆。这时，很多有车族或正想买车的朋友都会考虑这个问题：怎样防止自己的爱车被盗？

汽车的“盗”与“防”简单来说就是“矛”与“盾”的关系，世上没有最锋利的“矛”，也没有最坚硬的“盾”，双方在博弈中不断提升进化：20 世纪 90 年代开始，汽车生产厂家就将防盗功能嵌入汽车的电路控制系统中，直至现在，功能仍在不断改进和加强；与此同时，偷车贼的技术层出不穷，偷车工具也在不断更新。正因为“盗高一尺”，我们就更应“防高一丈”，为自己的爱车安装上完善的防盗系统，防患于未然。

那汽车被盗后还能找回吗？答案是肯定的，车辆监控系统就可以发挥这样的作用。

（2）车辆监控系统的功能很强大。车辆监控系统是由 GPS 全球卫星定位技术、GIS 地理信息技术组成的，它可分为 3 大功能模块：车载终端、移动通信系统与监控中心。

车载终端通过 GPS 接收机接收的卫星信号运算出定位数据

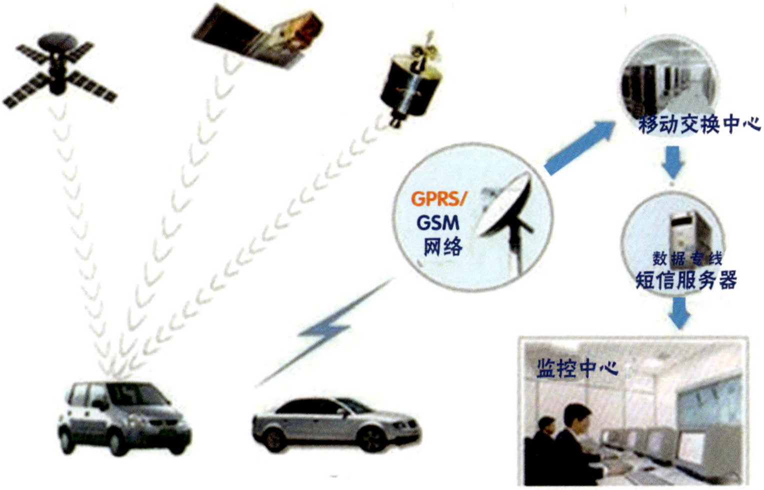

（经度、纬度、时间、速度和方向）和状态数据等，将数据信息处理后，通过无线通信网络（GSM / GPRS）发回到信息交换中心；信息交换中心判断数据类型后，将其中的 GPS 定位数据、状态数据、服务请求等通过中心服务系统发送给相应的监控客户端；监控客户端软件根据上传的车辆 GPS 定位信号数据，经过电子地图匹配技术，在地图上实时显示车辆的位置、状态等信息，从而实现了车辆的实时监控管理。

有了这个功能强大的系统，万一我们的爱车不幸被盗，在报警的同时，通过监控系统就可以弄清楚车子的位置以及移动轨迹，警方就

能在最短时间内破案，找回爱车，避免财产损失；远程遥控开关车门、远程制车、远程监听等神奇的功能还能使盗贼无法逃离车辆，束手就擒。

从早期的机械锁、无线电遥控门锁、加装“暗开关”，发展到利用 GPS 卫星定位信号、互联网技术等高科技手段实现汽车防盗，汽车的“防”不断得到强化和完善，车辆监控技术更是车辆防盗中的一个里程碑，为汽车的安全提供了保障。

“公车私用”也能被监管

（1）“公车私用”要监控。作为三公消费之一，公务用车私用已成为一个比较突出的问题。我们常常可以看到一些“公车私用”的现象，比如单位领导用公车接送自己的子女上下学，下班后用公车去餐饮、娱乐场所消费，开公车参加私人婚丧嫁娶活动等。

“公车私用”损害了政府的形象，对社会造成了不良的影响。为了防止这种腐败之风继续蔓延，各地政府开始利用现代技术手段来加强管理，广州就是其中一个，该市正定制车载电子监控系统对公车的使用情况进行监控，该系统比较特别的是一旦发现有公车私用，系统可以立即让车熄火。

延伸阅读

科技手段管公车

早在2009年12月，广州市黄埔区政府就提出运用高科技手段加强公车管理的想法，得到了上级部门的大力肯定和支持。次年4月，该区正式成为广州市改革公务用车使用管理制度三大试点单位之一。在广州市纪委的指导下，黄埔区政府先后赴昆明、吴江取经，再经过发放问卷、网上调查、专家论证，最终获得了全区88%科级以上干部的支持，形成了以卫星定位+RFID设备为手段、集“科技、管理、服务”三位一体的公车管理新模式。

据现场监控人员介绍，安装GPS车载终端，能充分发挥卫星定位高精度、全天候、广覆盖的优势，可实时生成公务用车的位置、速度、方向、时间和行驶里程等信息，相当于建立起公务车使用档案，让监管部门做到“心中有数”。而且，用车信息可一年内在线查询，超过一年的也可根据需要随时调出，等于在用车人面前竖了一条“高压线”。

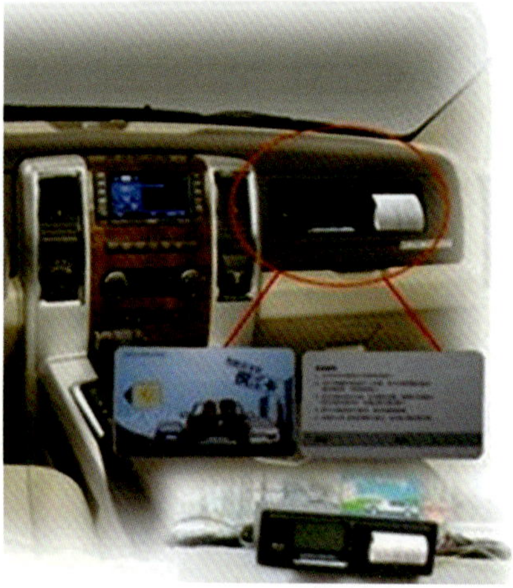

（2）**谁在用车我知道**。当然，只靠定位系统，只能得到汽车的使用情况，要想知道谁在使用，就要靠另一种技术——RFID射频识别技术。其技术跟我们平时使用的无接触刷卡差不多，就像刷卡进门一样。RFID是一套身份识别系统，主要用于对公车使用人的鉴别。公务员的工作证中被植入了一块RFID芯片，每张卡记录该人员的身份信息；使用车辆前，驾驶人需要使用身份识别卡在车载设备的RFID身份识别器上进行身份验证后，车辆才能启动，之后车辆行驶的各种信息都和该驾驶人相关联，谁在用车一目了然。

目前广州市对公车加强管理试点的第一步从“管住周末用车”开始，要求试点单位的全部公车在每个周末都必须停在单位车库。据资料显示，这一点到目前已经稍有效果，只要是周末，公务车除了执行公务以外，几乎都整齐地停在单位车库，与公车使用相关的费用也已出现明显下降。

一切行动听指挥

（1）**运输、物流企业好帮手**。对运输和物流企业而言，高效和实时地对车辆进行监控和调度是提高效率、增加效益和改进服务的关键。以往的车辆调度仅局限于运营车辆组织货源和灵活配货，无法对运行车辆进行高效的调度管理，而基于地理信息系统（GIS）的车辆监控调度系统就可以满足这些企业的业务要求。

货物发出以后，受控车辆所有的移动信息均被存储在控制中心的计算机中，客户可以通过网络实时查询车辆运输途中的运行情况和所处的位置，了解货物在途中是否安全，是否能快速有效地到达；接货方只需要通过发货方提供的相关资料和权限，就可以通过网络实时查看车辆和货物的相关信息，掌握货物在途的情况以及大概的到达时间，以此来提高安排货物的接收、存放以及销售等环节。

规划路径是车辆调度系统最大的功能。运输企业可以根据送货车辆的装载量、客户分布、配送订单、送货线路交通状况等因素设定计算条件，结合真实环境中所采集到的空间数据，分析客、货流量的变化情况，对公司车队的运输线路进行优化处理，实现以费用最小或路径最短等目标为出发点的运输路径规划。这样可以降低物流车辆的空载，提高车辆利用率，节省在车辆上的投入，为物流运作提前做好准备。

（2）应付突发情况显神威。当然，计划有时会赶不上变化，一些突发情况下，监控与调度系统同样能发挥其优势功能。例如，客户经常会因突发性的变故而在车队出发后要求改变原定计划：有时公司在集中回程期间临时得到了新的货源信息；有时几个不同的物流项目要交叉调车。在上述情况下，监控中心借助于 GIS 就可以根据车辆信息、位置、道路交通状况向车辆发出实时调度指令，实施车载配货等，用系统的观念运作企业业务，达到充分调度货物及车辆的目的，降低空载率，提高车辆运作效率。

管理是企业的核心，调度系统则为这个核心的大脑。总的来说，无论是载货还是载人，车辆调度系统的发挥作用都是巨大的。对企业来说，运输效率很大程度上提高了，也减低了车辆的空载率，能够及时为客户或者乘客提供更优的服务；对整个交通系统来说，整个路网的利用率增加了，降低了交通拥堵，为交通发展作出了贡献。

4 公交车可以更亲民——公交车优先系统

坐公交车会比开私家车快

（1）公交车效率更高。当你们看到这个题目时，相信许多人会提出质疑：坐公交车真的会比开私家车快吗？从速度上来考虑，这个问题的答案显然是否定的。但在这一节里，我们不是把公交车和私家车同时放到跑道上赛跑，这里说的“快”是有条件的。

首先让我们来算一笔小账：一辆大公交车占道面积约等于 2 辆小汽车，而载客数量却是 2 辆小汽车的 20 倍左右；公交车完成单位客运量消耗的能源是小汽车的 1/10 左右；从空气污染和热

源污染看，按单位客运量计算，大型公交车辆要比小汽车低 90% 左右。运送同样数量乘客，公交车与小汽车相比，分别节省土地资源 3/4，建筑材料 4/5，投资 5/6。

正因为公共交通既能提高现有道路交通资源的利用率，也有利于解决能源紧张、环境污染等问题，因此国内外目前都致力于公交优先的内涵及战略研究，不仅仅从政策上、规划建设上给予公交车优先的优惠，在某些地区和场合还给予公共交通工具优先行驶的特权，节省运行时间，提高运输效率，使得公交车的“速度”真正比私家车快。

（2）公交车可以优先通过。相信大家对于 BRT 都不陌生，BRT 就是公交优先的最好例子，它通过建立公交车专用道让公交车拥有优先行驶的权利。在许多城市，特别是像北京、广州这些大城市里，上下班高峰期很可能会遇到拥堵的情况，这时，我们如果乘坐 BRT 公交车，就很可能比开私家车更快地到达目的地了。

延伸阅读

什么是 BRT

快速公交系统简称 BRT（bus rapid transit，BRT），是一种介于快速轨道交通（rapid railtransit，RRT）与常规公交（normal bus transit，NBT）之间的新型公共客运系统，是一种大运量交通方式，通常也被人称作“地面上的地铁系统”。它是利用现代化公交技术配合智能交通和运营管理，开辟公交车专用道路和建造新式公交车站，实现轨道交通运营服务，达到轻轨服务水准的一种独特的城市客运系统。

快速公交系统 30 年前起源于巴西的库里蒂巴市，世界上许多城市通过仿效库里蒂巴市的经验，开发并改良建设了不同类型的快速公交系统。BRT 系统在类型、容量和表现形式上的多样性，反映出它在运营方面广阔的发展空间以及大运量公交系统与生俱来的灵活性。BRT 既适用于拥有几十万人口的小城市，同时也适用于特大型都市。以库里蒂巴市为例，它的公交车出行比例已高达 75%，日客运量高达 19 万人。

除了建立公交车专用道之外，许多国家（包括中国）根据公交车优先的原则，还实行了各种公交车优先的措施，例如公交车优先转弯和公交车辆感应信号等。在这些条件的影响下，坐公交车很可能会比开私家车还快。

那么这些措施是怎么使得公交车比私家车快的呢？将在下面介绍。

公交车为何会比私家车快?

（1）**公交优先见成效。**上面为大家谈了由于公共交通工具的社会经济性，许多国家和地区都想方设法采取各种措施，使公交出行比例增高，以增加社会的总体效益。在某些场合下，一些公交优先的措施还可以令公交车在“速度”上超过私家车。其实，这就是公交优先系统的内容和作用。

狭义的公交优先是指采用适当的交通管理和道路工程措施，使城市内部的客运交通以大容量、快速度的公交系统（包括公交车和轨道交通）为主，其他个体交通工具为辅；而广义的公交优先不但是指公交车在路权使用上的优先，更是指有利于公交车优先发展的所有政策和措施，包括公交车在规划和经济政策上的优先。所以说公交车优先既是经济问题，又是社会问题，既是技术问题，又是管理问题。具体而言，公交优先一般包括以下3个方面:

◆给予公交政策上的优先。公交优先应该体现为城市公共交通发展得到国家政策的扶持和保护，各级政府尽快制订优先发展公共交通的政策并使之逐步法制化。

◆给予规划建设上的优先。公交优先还应该体现为公共交通规划和建设的超前性，即基础设施的前期规划、投资分配、计划安排和工程设计等向公共交通倾斜。根据城市功能定位，结合城市发展总体规划，制定城市公共交通的中长期发展规划。

◆给予通行上的优先。公交优先还应该体现为给予公交车优先行驶的特权，提高行驶速度，节省运行时间，提高运输效率。

（2）公交车“速度”可提升。以上 3 点中的前两点是从宏观上考虑，创造一个良好的大环境，使公交优先得到更快、更好的发展，在这里就不再展开了，到底公交优先系统是怎么有效地让公交车的速度得到明显的提升呢？

首先，需要构筑一个良好的公交专用道路系统。一个完善的公交专用道路系统不单是指建设好几条公交专用道，还包括了线路的优化、停靠站的选址、售票技术、交叉路口优先信号控制系统和相关道路交通管理等部分。通过选择适合的公交专用道类型和车流组织形式，设计好公交专用道标志标线、隔离设施和停靠站，提高整个公交优先系统的效率，从而增加公交的吸引力。

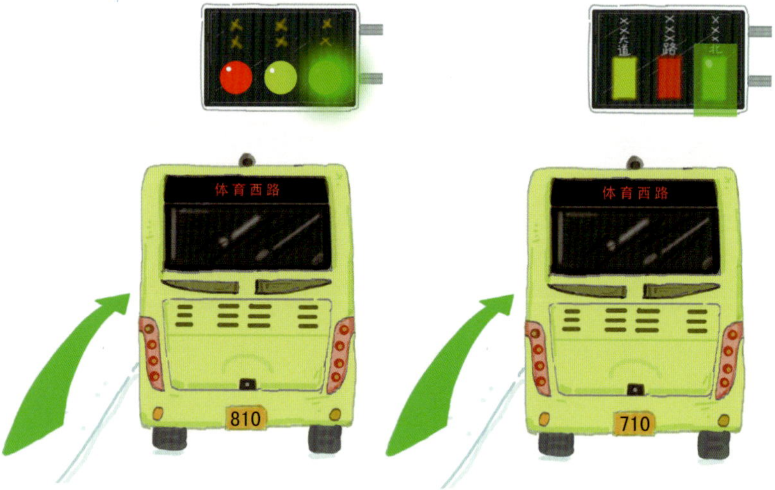

其次，实行交叉路口公交信号优先。常用的交叉口公交优先措施包括调整信号周期、使用公交车辆感应信号、增设公交专用相位、公交优先排队、公交优先转弯等。通过研究基于公交优先的信号配时优化，减低公交车的总延误；在公交车上安装信号发射机，让交叉路口的信号检测器接收公交车辆发出的信号，动态控制信号灯的绿灯时间。公交信号优先虽然在中国发展还不成熟，但在发达国家的应用是比较广泛的，坐在这些国家的公交车里，我们甚至会发现沿途很少遇到红灯。

说到这里，不知道大家是否对公交优先系统有了更进一步的了解？是否想立刻登上 BRT，感受一下比私家车还“快”的感觉？

延伸阅读

发达国家的公交优先政策

纽约：私家车一律停在郊外。到纽约曼哈顿的上班族，是从家里开车到市郊地铁站或火车站，再换乘地铁或火车进入市区，然后在市内乘公交车、地铁或出租车去上班。曼哈顿的许多街道，只有持特殊牌照的车辆才能停车装卸货和上下客，其他车辆不得停放，否则即被罚款。

巴黎：视天气状况小汽车分单双号入城。巴黎设置了480多条全天或部分时间禁止其他车辆使用的公交车专用道，使公交车速度提高了20%~30%。对于小汽车，巴黎市政府规定，每逢空气流通不畅的无风日，采用单双号限行来限制小汽车进城。

东京：地铁至上。东京人的私家车平日都“存”在车库里，上班族上下班乘地铁。一则因为乘地铁才能准时上下班，二是公司里只有总经理和董事长才有车位。

伦敦：停车费抑制小汽车使用。伦敦市政府发出交通白皮书公告市民，为了限制小汽车数量，减少拥堵和空气污染，从2000年起提高停车费用，同时城市内原有的各大公司、公共场所的免费停车场一律改为收费停车场。

5 紧急关头也淡定——道路紧急救援系统

德国是一个高福利的国家，国家保障系统十分健全，尤其是紧急救援应急体系结构合理、分工明确、管理先进、技术精良。

他们以人为本，防患于未然的救援理念；全民参与，救援培训从娃娃抓起的组织机构；合理分工，严谨科学的工作态度为世人称道，是各国学习的典范。

据了解，德国的空中救援直升机 8 分钟内就能赶到事发地点参与急救，并有专门的事故医院承担伤员的急救与治疗康复，一些民间组织、企业协会也能展开极为专业的救援行动，总之，全民皆兵以应对突发事故后的紧急救援工作。

我国交通事故紧急救援工作起步不久，开展时间较短，相比西方发达国家，差距相当明显，救援体系急需完善，装备水平也有待提高，如要真正实现“紧急关头也淡定”，任重而道远！

事故怎样在第一时间被发现

交通事故检测作为救援的起点，其检测速度与准确性决定了紧急救援系统效能的发挥。快速定位事发点对伤员救治、交通疏导和预防二次事故发生有着举足轻重的意义，如何才能让事故在第一时间被发现呢？

早在 20 世纪 60 年代，美国人就开始通过分析交通状态来间接检测交通事故，利用交通特征参数（如车流量、车速等）的异常变化来推测交通事故的发生。但在实际应用中，该技术有一定局限性，比如：对交通事故、车辆故障这些交通流中的微观现象检测效果不佳，也不能实时检测，不适合检测小的交通流量。

如今，事故自动检测方法大多采用视频图像处理技术。当我们驾驶着漂亮的跑车惬意地驶过闹市，除了路人外，还会被事故检测系统的高清摄像头关注到。作为运动目标、检测对象，系统将对跑车的运行持续跟踪，从而得到一组图像序列，再提取出每帧目标图像中跑车的二维坐标，按时间顺序串联起来，进而形成完整的运动轨迹。不要误以为系统所做的仅限如此，计算机还能够对跟踪结果进行更深层次的理解和识别，当跑车在相似的运动模式中出现不稳定状况，如车速突然降低，系统就能自动检测出事故发生的可能。

现实中，为了实现对关键路段的全覆盖监视，常采用闭路电视监控系统（closed-circuit television，CCTV）。由于系统需布置大量的摄像头，一般在一个较小的区域里，或某些关键场所，如隧道中，CCTV 才是最佳选择。

假如事故发生在一个大雾弥漫，能见度很低的清晨，视频图像技术已无法直接“目睹”事故发生了，是不是事故就很难立即被检测到了呢？既然“看”不到事件的发生，那就用“听”来解决。我们都知道交通事故发生时往往伴随着异常的声音，而这种

声音信号与正常行驶时产生的噪声又存在很大差别，因此可以通过识别声音模式来实现事故检测。虽然相关实验证明了其可行性，不过这种检测方法还不甚成熟，但其作为一个全新的课题，丰富了交通事故自动检测技术，未来的发展就让我们拭目以待吧。

延伸阅读

5 分钟就能处理一宗轻微事故

2012 年深圳文博会期间，深圳交警结合新启用的智能交通平台，集合重大涉车案件实行视频技术同步上案、捆绑作业机制，开发出智能交警系统，应用在交通管理方面，实现了“5 分钟处理一宗轻微事故”。在交警指挥室的屏幕上，不但显示着全市的监控视频，而且呈现出所有当值警员的警号、姓名以及工作状态，他们或在巡逻，或在处理事故。一旦出现警情，不仅可以尽快通知周围 500 米之内的民警赶到现场，还可以调集附近视频对现场进行调查监控，提高了轻微交通事故处理效率，营造出和谐畅顺的交通氛围。

救援是这样组织的

以高速公路紧急救援系统为例。假如某一高速公路上发生了一起严重的交通事故，我们应用现代检测和通信技术已经第一时间确定了事故的地点、类型，那么现在考验我们的就是对事故的快速响应。

俗话说：养兵千日，用兵一时。平时建立起的紧急救援系统各部门之间的联动机制有了用武之地，而高速公路交通紧急救援中心及相关的救援信息数据库系统更是起到了大脑中枢的作用。紧急救援所需要的信息（如：事发点、救援设备所在位置、救援最佳路径等）经采集、融合、管理和传送，各部门听从指挥，协同出击，确保救援过程迅速开展。

当各部门人员、设备抵达事故现场，就必须实施集中和统一的现场管理。因此，我们需要制定事故指挥控制制度和建立统一的现场指挥机构来促进事故的现场管理。事故指挥往往效仿军事中的指挥制度，根据事故的规模大小、复杂程度和持续时间等规定不同事故管理者的作用和职责，为事故现场管理提供

一种有组织、有计划的方法。而统一的事故指挥机构则由来自不同响应部门的代表组成，指挥者视事故现场管理行动而定。例如，某次事故造成人员重大伤亡，消防或医疗部门在伤员治疗和转移过程中首先发挥事故指挥者的作用，接下来的事故调查指挥工作由交警部门担当，最后则由清扫道路的部门负责事故现场扫尾工作指挥。

事故发生期间，交通管理除了给予响应者一个安全通畅的工作环境，还应尽量减轻事故造成的交通混乱和车辆延误，尽快疏导交通，快速恢复道路通行能力。例如，通过实施交通分流与诱导，预防二次事故的发生，同时向车主提供事故信息服务。总之，需在最短的时间内确定最佳的交通控制与管理方案。

假如某次交通事故还造成了一辆运输危险化学品的罐车泄漏，如不及时控制污染源，后果将不堪设想。事实上，根据不同危险品的特性，我们已制定出相应的处置流程并建立起科学的危险品事故预警机制，一旦发生事故，只需对号入座，就能快速、安全处理。

延伸阅读

基于 GIS 的高速公路紧急救援系统

GIS 即地理信息系统（geographic information system，GIS），是综合处理和分析地理空间数据的技术系统，它以测绘测量为基础，数据库为数据储存和使用的数据源，计算机编程为平台的全球空间分析即时技术。它在图形属性管理、专题制图、空间分析和地理分析等方面为高速公路紧急救援提供辅助支持。

基于 GIS 的高速公路紧急救援系统能够自动检测突发事件，并进行事件信息的采集、发布、分析，自动生成快速和科学的最佳紧急救援方案，与此同时，对救援过程实时跟踪，记录处置流程和效果，为提高紧急救援效率提供依据。

6 保驾护航更安心——车辆辅助驾驶与安全

大家还记得2010年发生在四川成都的“中国豪车第一撞”吗？当悲情的大货车撞上价值不菲的兰博基尼、劳斯莱斯和保时捷时，连围观的群众都戏称车祸现场变“车展”，一个普普通通的追尾却结结实实“撞”掉了200万的维修费，幸运的是，只伤钱不伤人。自汽车问世以来，车祸便如影相随，当车辆的性能越来越好、速度越来越快时，因为车祸人类付出的代价也越来越惨痛。

保驾护航的卫士

传统的安全理念以被动为主，然而，安全带、安全气囊、溃缩吸能车身、侧门防撞梁等被动安全技术并不能有效避免交通事故的发生，因此，主动安全的概念慢慢形成并随着科技进步不断发展完善，主动安全技术成为未来汽车的研发重点。

说到这，也许很多读者还不清楚“主动”与“被动”的区别在哪。一般而言，区分主动安全与被动安全技术主要以发生撞击时安全装置启动的时间为标志。主动安全装置是指在撞击之前做出动作的辅助装置，它们以各种方式介入驾驶操作，利用机械和电子装置，保持车辆的操控状态，努力使驾驶人恢复对车辆的控制，避免意外发生。而被动安全装置则略显乏力，当车祸意外的发生已不可避免，被动的安全装置将作为“最后的一根稻草”对驾驶人和乘客进行保护，比如安全气囊，它里面含有硝酸铵、叠氮化钠等物质，当汽车高速行驶受猛烈撞击，这些物质会迅速发生分解反应，快速充气形成气囊，吸收撞击力，有效地保护车内乘员。

事实上，无论是被动安全配置还是主动安全配置，在汽车上都属于辅助装置，是为我们出行保驾护航的“安全卫士”。它们不能确保行车的绝对安全，却能将车祸意外的概率及伤害降低到最小。

小知识

常见的车辆主动安全辅助系统

防抱死制动系统（anti-lock braking system，ABS）：避免紧急刹车时车轮抱死，维持车辆的转向能力，避开障碍物，但通常情况下不会缩短刹车距离。

电子制动力分配系统（electric brake-force distribution，EBD）：配合防抱死制动系统使用，在汽车制动的瞬间，分别对 4 个轮胎附着力的不同进行感应和计算，得出摩擦力数值，根据各轮摩擦力数值的不同分配相应的刹车力，避免因各轮制动力不同而导致的打滑、倾斜和侧翻等危险。

紧急刹车辅助系统（brake assist system，BAS）：电脑根据刹车踏板上侦测的刹车动作，来判断驾驶人对此次刹车的意图，如属于紧急刹车，则指示刹车系统产生更高的油压使防抱死制动系统发挥作用，从而使刹车力更快速地产生，缩短刹车距离。

巡航系统（cruise control system，CCS）：采用雷达传感器，实时监测车辆与前面车辆（物体）的距离，提醒驾驶人保持车距。

胎压监控系统（tire pressure monitoring system，TPMS）：驾驶人可以通过车内提示警告系统来判断轮胎胎压情况是否正常，避免了因轮胎亏气出现的行车跑偏。

电子稳定程序（electronic stability program，ESP）：属于牵引力控制系统，既控制驱动轮，又控制从动轮，通过主动干预危险信号来实现车辆平稳行驶。如后轮驱动汽车常出现转向过度的情况，后轮失控而甩尾，该系统便会放慢外侧的前轮来稳定车子；当转向不足时，为了校正循迹方向，则会放慢内后轮，从而校正行驶方向。

使我们不再“瞻前顾后”的倒车雷达系统

一直以来，倒车都是困扰广大驾驶人的问题，经验再丰富的驾驶人都有过倒车刮擦的经历。据统计，由于车后盲区所造成的交通事故占事故总数的比例，在美国约为 20%，而在中国这个数字更是高达 30%。生活中就有很多新手只敢前进，不敢倒车，每次倒车就手忙脚乱。

“嘀嘀嘀，倒车，请注意！”大家听过这句经典的提示音吗？相信有很多人对这个声音印象深刻。有人笑称它是倒车雷达的祖宗，可惜的是，这款产品不能算是真正意义上的倒车雷达，因为它不能主动探测车辆倒车过程中的障碍物分布情况，只是在驾驶人挂上倒挡时响起，提醒周围路人注意避让，对驾驶人帮助并不大，因此它的淘汰也就成为必然。

第二代倒车雷达系统比较接近现代，是倒车雷达系统真正的开山之作，采用蜂鸣器提示。在倒车时，如果车后 1.5~2 米处有障碍物，报警器就会开始工作。鸣叫声越急促，表示车辆离障碍物越近。但是该产品缺少语音提示，更无距离显示屏，司机无法确定障碍物的准确位置，不过相比第一代产品进步相当大。

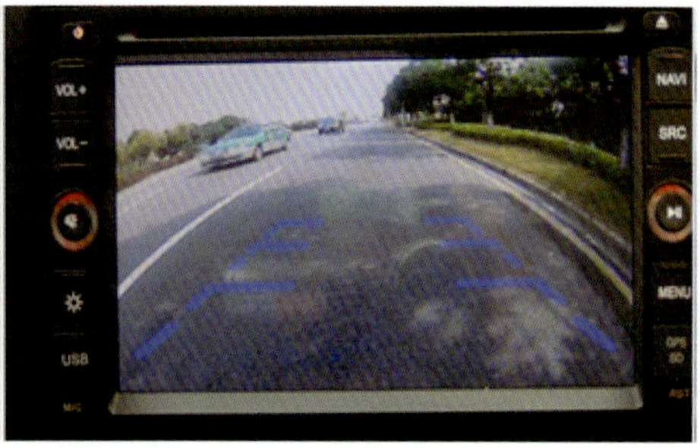

此后的三代产品分别采用了数码、波段显示，液晶荧屏显示和魔幻镜倒车雷达技术。随着科学技术日新月异，产品也时时更新，外观和性能愈加精致、优良，更为人性化的设计在赢得了更多用户喜爱的同时，为第六代雷达的问世打下坚实的基础。

目前市面上最先进的倒车雷达要数无线液晶倒车雷达（即第六代雷达），它集无线连接、倒车雷达、彩色液晶显示器、BP 警示音于一体。车后雷达主机与车前仪表台上显示器之间采用无线连接，解决了安装上的难题（安装普通倒车雷达，从车后雷达主机到车前仪表台上的显示器要直线布置，非常不方便），更可在大巴、卡车等车身较长的车上使用，安装方便又快捷。

作为倒车辅助系统第六代产品中的佼佼者，全景倒车影像系统在车身周围安装有 4 个广角摄像头，视野覆盖汽车四周，它将同一时刻采集到的多路视频影像融合成一幅超宽视角、无缝拼接的 360° 车身俯视图，并在中控台的屏幕上显示出来，从而彻底消灭视觉盲区，驾驶人只需关注实时视频画面就能避免意外发生。与此同时，配备的超声波倒车雷达犹如驾驶人的第三只眼睛，不但能让驾驶人清楚查看车辆周边是否存在障碍物，更能准确了解障碍物的相对位置与距离，避免倒车时因看不到车后和左右两边情况而发生刮碰与车祸。

延伸阅读

智能倒车轨迹系统

秉承“智予车，乐予人”的使命，坚持实用可靠的原则，北京某公司开发出了汽车智能倒车轨迹引导系统，有效解决了驾驶人倒车之忧。作为倒车辅助系统的新成员，智能倒车轨迹系统在倒车影像的基础上，朝着智能化、人性化的趋势又迈进了一步。

众所周知，倒车最难把握的是打方向盘，该系统在原车上加装方向盘读取器，通过在DVD倒车影像上标注两根倒车诱导导向线，当方向盘转动，倒车曲线随着转动，从而准确描绘出倒车轨迹，使驾驶人倒车更加轻松洒脱。此外，在倒车轨迹可视范围内，驾驶人可以通过显示屏知道汽车尾部与障碍物之间的距离，只要避开倒车导向线所划定的安全有效区范围内的障碍物，就能进行安全精准倒车。

夜间也可轻松行车的夜视辅助系统

据美国国家公路交通安全管理局统计，汽车夜间行驶时间虽然只占总驾驶时间的1/4，却有一半的重大事故发生在夜间。夜间行车对于驾驶人来说是最危险的，这是因为夜间能见度差，可视距离只有80米左右，而驾驶人行车信息的获取90%来源于视觉，加之汽车灯光的照射范围和明亮度都有限，缩短了驾驶人的可视距离，影响了夜间的行车安全。因此各大汽车厂家纷纷研发如何在黑暗中看清前方的技术，于是汽车夜视辅助系统诞生了。

汽车夜视辅助系统主要利用红外线成像技术，将黑暗变得如同白昼，使驾驶人在黑夜里看得更远更清楚。事实上，夜视系统很早就应用在军事方面。20世纪50年代，为了提高坦克的夜间机动能力，把具有夜间视觉能力的仪器安装在坦克上，这样坦克就可以在夜间行动自如。进入21世纪，随着科技进步，夜视系统价格越来越低，才逐渐实现了由军事装备向民用产品的转化。1999年6月在上海及2000年6月在北京举行的国际车展上，美国凯迪拉克汽车首度将夜视系统推向我国汽车市场。到目前为止，搭载夜视技术的车型多为进口名车，如宝马的新7系、奔驰的S级和E级等，而我国自主品牌红旗的盛世车型也有夜视系统。

延伸阅读

汽车夜视系统的分类

（1）主动夜视系统（近红外线系统）。通过车头大灯内两个特殊探照灯以人眼无法观察的红外线照射路面，前风挡内侧的红外摄像机捕捉红外线反射信息，通过夜视系统控制单元对视频图像进行处理，然后显示在仪表盘上的显示屏上。

优点：①不依赖热源，可以看到不发出热量的物体。②通过图像处理，提高了清晰度，道路标志清晰可见。③技术成熟，批量性好，价格低，使用寿命长。

缺点：①系统主动提供信息较多，易分散驾驶人的注意力，造成视觉疲劳。②与同时使用该系统的汽车对向行驶相遇时，显示屏会出现短暂亮白。③探测距离较近。

（2）被动夜视系统（远红外线系统）。通过安装在前保险杠左侧的热成像摄像头，探测车辆前方物体和行人的热辐射，再利用夜视系统控制单元将探测到的热量信息转化为影像并显示在车辆的显示屏上。

优点：①探测距离较远。②不受对向车道灯

光的影响。③可以穿透大雾天气。

缺点：①道路标志模糊，甚至不能显示出来。②图像清晰度变化较大，受天气状况和时间因素影响大。③显示图像与实际景象存在偏差。④使用寿命较短且售价高。

使车辆回归正道的车道偏离报警系统

据统计，约有 44% 的汽车事故与车辆偏离正常车道行驶有关，而造成车辆偏离的原因包括驾驶人注意力不集中、疲劳驾驶以及酒后驾驶等。试想，在车辆上搭载车道偏离报警系统，当车辆行驶过程偏离原车道，系统就能迅速判断该情形是否属于驾驶人无意识的行为，从而有效降低道路交通安全事故率，保障驾驶人和乘客的生命安全。

简单地说，车道偏离报警系统是一个基于视频传感器的驾驶人辅助系统。首先，它利用集成在后视镜附近、前风挡玻璃后的传感摄像头监控前方道路两边的分道线，夜间则通过监控大灯光束内的道路获取图像信息。然后由车载的中央控制单元接收监控录像，并实时地变换成可处理的格式。与此同时，在处理器内部进行预处理，过滤图像捕获期间混入的噪声，从而识别出车道标记线，并持续跟踪观察标记线的位置。如果探测到车辆即将偏离标记线，系统发出报警信号。比如：奥迪 A6L 配置的车道偏离报警系统正常工作时，如果遇到上述情况，将通过方向盘振动来提示驾驶人，并且可以借助电动助力转向系统发出自动修整方向盘的动作指令，使车辆自动回归行车线路。

说到该系统的应用环境，根据其设计原理我们也能推测出个大概：行车速度、路面宽度、分道线的清晰程度以及环境因素（雨雪及大雾天气造成路面被覆盖或者辨识度不高）等都将影响系统的正常工作。在我国，车道偏离报警系统只能在路况较好的高速公路或者郊外公路上发挥作用，而对于山路、省道或者路况较差的非铺装路面来说，系统并不能正常发挥作用。车速要求达到 70

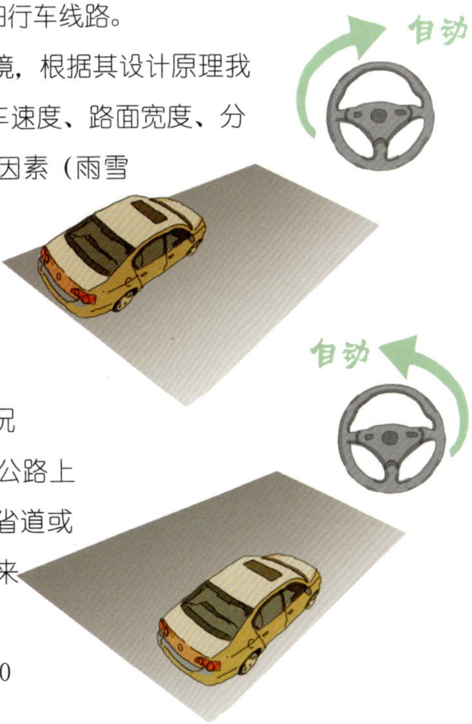

千米/小时时系统才会被激活，根据车速的不同，系统发出报警提醒的时间也会因车速提高相应提前，从而让驾驶人有足够的时间校正方向。因此，为了让车道偏离报警系统应用更为广泛，提高系统稳定性、增强系统适应各类天气条件的能力、克服光照变化及阴影条件影响，这些都是未来车道偏离报警系统的研究重点。

延伸阅读

危险驾驶报警手机软件

2012 年，在上海市第五届青少年创新峰会上，上海交通大学附属中学的两名同学展示了一款名为“司机助手”的手机车祸预警及报警软件。该软件采用安卓操作平台，借助手机自带的线性加速度传感器获得汽车实时的三维加速度与时间 4 次函数关系式中各系数的值，通过与实验数据比较，推测出汽车运行的安全情况，实现车祸预警。当车辆处于非正常行驶状态，手机将发出报警声提醒驾驶人，或者通过短信将情况发送给预设的联系人，预防事故。但由于该软件存在误报警风险，这款产品并未真正投入市场，不过我们相信在不久的将来，类似“司机助手”的产品将引领驾驶走入安全时代。

五　未来的智能交通

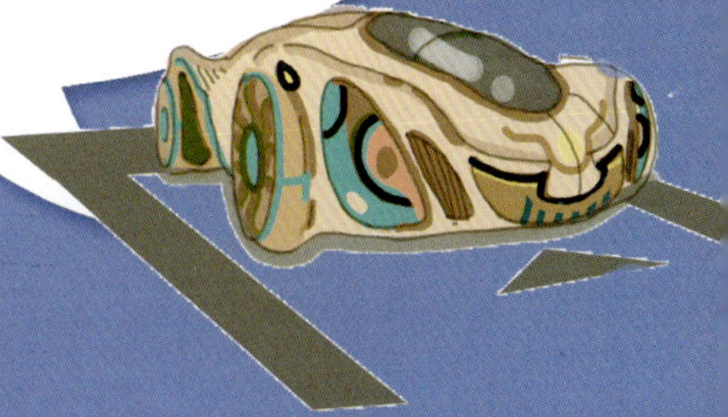

1 未来的交通工具

大家想去参观一下嫦娥姐姐的寝宫吗？想去见识一下传说中的南海龙宫吗？想拥有一部像 EN-V、“叶子”和“海贝”这样神奇的智能交通工具吗？来看看未来的交通工具吧，也许不远的将来，这些智能交通工具就能帮你实现这些愿望。

（1）新型太空航天器。1961 年 4 月 12 日，苏联成功地发射了第一艘载人航天飞船“东方号”，宇航员尤里·加加林成功地完成了划时代的飞行任务，从而实现了人类遨游太空的梦想，开创了载人航天的新纪元，揭开了人类进入太空的序幕。2003 年 10 月 15 日上午 9 点，中国发射第一艘载人航天飞船“神舟”五号，杨利伟成为第一位遨游太空的中国人。

我们都有一个航天梦，未来的新型太空航天器会帮助每一个想去外太空旅游的人实现他的心愿，到时候人们不再需要像现在的航天员那样，必须经过严格艰辛的体能训练，才可以“全副武装”地搭乘航天飞船，飞向浩渺的太空。我们只需要搭乘一种新型太空航天器。它会沿着一条“捷径”飞往地球以外的其他星球。

（2）“章鱼”潜水艇。潜水艇，一种既能在水面航行又能潜入水中

某一深度进行机动作战的舰艇，大家可曾想过乘坐它去探索海底未知的世界？在未来我们借助高度发达的科技，开发了水下世界，那时我们就可以利用像章鱼一样的潜水艇，可以轻松操纵它自由地探索蔚蓝而又神秘的海底世界。

（3）环保巴士。作为人们日常生活中常见的交通工具，公交车是所有公共交通工具车厢内空气质量最差的，在关窗或空气交换率较低的情况下，车内首要污染物为车内来源的一氧化碳、二氧化碳等，而在开窗或者空气交换率较大的情况下，车内首要的污染物是颗粒物。在未来的交通中将有一种清洁高效的环保巴士，成为城市交通中最有力的“武器”，它是一款采用氢燃料驱动的环保公交车，拥有宽大的车窗玻璃，以及智能的空气净化系统，给乘客营造一种宽敞舒适的乘车环境。

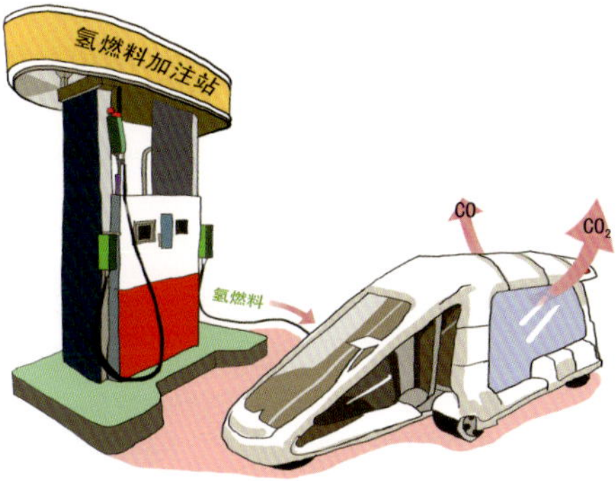

（4）绿色垃圾回收车。随着社会经济的发展、城镇化进程的加快以及人口的增加，我国的城市垃圾急剧增加，而处理城市垃圾的主要方法有 3 种：填埋、焚烧和堆肥。虽然这些方法在一定程度上可以减少垃圾给我们生活带来的影响，但是仍然会对我们生存的环境带来严重的污染。

在未来将有绿色的垃圾回收车，它在回收垃圾的过程中就已经安全地降解所有的垃圾，消灭细菌，并能产生一些有益于净化空气的气体。这种绿色的垃圾回收车设计简单而且非常实用。

2 车联网

你知道吗

车联网

车联网就是汽车移动物联网，是指利用车载电子传感装置，通过移动通信技术、汽车导航系统、智能终端设备与信息网络平台，使车与路、车与车、车与人、车与城市之间实时联网，实现信息互联互通，从而对车、人、物、路等进行有效的智能监控、调度和管理的网络系统。

比如汽车联网以后，汽车维修方式也会发生变化，所有的检测在网上随时能够看到，检测分析调整都可以在线完成，发生故障救援的时候，已经能够事先知道汽车问题所在。4S 店不再需要像现在这么多停车位和工位，消费信贷、汽车保险的格局也将彻底被改变。汽车保险再不会每人交一样的保费，而是通过数据对驾驶人行为模式的分析，经常经过的道路，周边的环境来判断他需要交的保费数额。

车联网正由概念走向应用

自 2010 年底，车联网系统已开始应用和普及，安吉星系统几乎覆盖了上海通用旗下所有车型，而东风日产、上海荣威等品牌也都拥有了属于自己的车联网系统。专家预测，随着车联网相关技术的逐渐成熟，3G、CallCenter、云平台与语音识别技术等均已开始与车联网产业深度融合，在市场需求带动下，车联网终端设备有望迎来爆发式增长。此外，北斗卫星导航系统的试运行也给汽车电子行业发展带来了新的契机，推动了卫星导航和车联网应用向价值链高端的拓展已成为主流。

据了解，目前我国已经有超过 20 万用户正在体验车载信息服务，预计到 2015 年，我国用户规模将达到 4 000 万，到 2020 年，可控车辆的规模将超过 1 亿辆。

车联网发展面临的挑战

随着车联网热潮的升温，一些专家也理性地指出，在技术、标准以及社会资源的整合层面上，车联网的发展仍会遭遇诸多瓶颈。由于车联网产业链发展并不均衡，在中长期发展过程中将会面临不断的市场整合。

业内分析人士估计，目前仅有 15% 的车联网服务供应商能够赢利，即便是到了 2013 年，这一比例也不会超过 50%。对此通信行业专家也表示，“现在这些车载产品更多是解决了车与人的关系，还远远没有解决车与车、车与道路等周边环境的问题，车联网技术应用更多的是作为诱人的卖点在吸引消费者。”车载产品的发展才刚刚起步，政策、资金、技术及支撑的产业链条仍不完善成熟，因此政府要引导汽车业、电子业、通信业等相关行业的企业协同，共同打造未来车联网的价值增长点，才能吸引更多的人来参与和开发车联网市场。

车联网不是单一的一个网络或是一个部门，它需要高端的技术及高效的网络组。首先是加强传感器操作，让交通灯、摄像头、拥堵路段报告、天气情况报告等多方信息链接到一起，实现汽车与道路的完美融合。同时加强部门间的沟通及配合，利用物联网技术将汽车、道路、天气、人有机地结合在一起，实现一个互联、互通的网络。

3　小明的梦幻之旅

哆啦A梦的神奇口袋把我们带入了神秘而又美妙的未来，激发了我们对未来的憧憬。随着时代的不断变迁，未来还会有更多的东西，让我们惊讶，让我们目瞪口呆。

清晨，悦耳的铃声将小明从梦中叫醒，机器人保姆早就为小明准备好了营养丰富、热乎乎的早饭。饱餐之后“保姆”递来手提包，小明走向停在阳台上的爱车MONKEY，将汽车发动后阳台自动感应打开沿墙的轨道，顺着轨道，刹那间东东直奔云霄。

蔚蓝的天空下，一条条公路悬在空中，汽车们在奔驰，来回穿梭于白云之间。小明不用担心会因为速度太快而在车里东倒西歪，因为汽车受空气的均匀浮力，无论速度多快，小明也能安安稳稳地坐在车里，就像躺在软绵绵的床上一样舒服。一会儿工夫

就到了小明“又爱又恨”的梦幻实验小学，MONKEY 在一栋多层旋转式停车场前停下来，小明走出心爱的座驾，然后一声“停车”，只听嗖的一声，爱车 MONKEY 被拖到旋梯上，很快就乖乖地停放在属于它的位置上。

小明正在课室听课，耳朵里传来彤彤的留言，“小明，我们在夏威夷等你哦，下午飞鱼比赛，不见不散。”下课后小明拿起手提包去跟爱车会合。上车后开启自动驾驶模式——“夏威夷海滩”。智能的语音识别系统根据小明的提示自动规划好路线，实现加速减速变道等功能。“嘟……嘟嘟……”电池系统发出报警，根据所规划路明的天气预测以及太阳能电池的蓄电情况，系统提示需要去蓄电站充电……

到达夏威夷海滩时间刚刚好，小明跟朋友打了招呼后很快就要准备参加比赛了。小明发出命令改变爱车的外形，让它可以像鲨鱼一样潜入海中，或是飞速行驶在海面上。“可选用风能模式”，仪表面板上闪烁着新的提示，根据测速系统的分析，当前可以选择强大动力的风能模式，“哈哈，这次我赢定啦！”小明心里默默地偷着乐。说是比赛，其实是朋友聚会的托词，欢聚之后大家兴致未尽地离开。

此时已接近凌晨，不用担心拥堵了，改走公路吧。小明听着轻松的音乐，沉浸在聚会喜悦的余温中，道路两旁灯火阑珊，五颜六色的灯光交相辉映，如白昼一般。一会儿酒精开始发威，车子也开始摇摇晃晃，两旁的黄色交通线通过气味感应器感受到小明酒后驾车的情况，马上变得通体透明，并不停地闪烁，同时传出劝阻音乐。音乐之后，黄色的交通线立即用优美的声音提醒我："对不起，您酒后驾车，违反交通法，请立即停车。"可是此时的小明哪里听得懂黄色交通线的警告啊，脚踩油门想直冲过去，这时会说话的黄色交通线立即发出强大的磁力，把汽车牢牢吸住。"滴……滴滴……可换成自动驾驶模式"，系统提示在 5 秒后自动切换成自动驾驶模式。小明酣睡了不知多久，又躺在那舒适的床上，梦又开始了……

4 广州市智能交通规划

广州市未来智能交通系统的特征

广州智能交通系统将具有"动态感知"、"主动管理"和"人车路协同"的特征。

（1）**动态感知**。广州未来的智能交通系统，将依靠物联网技术、云计算、3G 移动通信技术等先进技术，让市民出行、企业经营、政府管理能够及时、准确地感知到实时的交通信息，最终实现各种交通需求信息和供给信息在人、车、路之间快速、准确地相互传递。

（2）**主动管理**。广州未来的智能交通系统将会通过动态感知交通信息，使市民、企业、政府，实时把握最新交通信息，预测未来交通变化趋势，判断交通发展态势，从而对自身的交通需求进行主动管理，实现市民的主动参与、企业的主动把握和政府的主动干预，最终实现有限的公共交通资源（道路资源）在无限需求中的最大化利用。

（3）**人车路协同**。广州未来的智能交通系统，将通过动态感知、主动管理，实现人、车、路三者之间的协同运作。市民、企业和政府，通过感知自身关注的动态信息，主动管理自身的交通行为，满足自身需求，同时实现车辆的安全舒适行驶和道路资源的最大利用，形成道路资源供给与机动车交通需求的动态平衡。

重点建设内容和核心技术

（1）**交通信息服务发布中心**。以交通相关数据信息采集、相关行业数据共享为基础，向市民、企业、政府提供综合交通信息服务。

（2）**公共交通深化应用系统**。在现有公共交通各专业应用系统基础上，不断深化应用，重点丰富公交、出租车的服务方式和服务内容，同时形成多模式互联互通的换乘联运服务系统。

（3）**交通管理与控制系统**。构筑完整的智能交通管理系统标准体系，完善交通监控系统。

（4）**交通管理辅助决策系统**。针对交通安全、交通仿真、交通承载力分析等管理和业务需求，建立信息化、智能化管理系统及其应用标准。

(5) 行业管理信息化系统。 在已有的危险品运输、散体物料运输、长途客运、停车场管理等信息化基础上，进一步完善各行业信息化建设。

(6) 数字市政路桥系统。 构建集数据的采集、传输、存储、处理、发布、备份功能于一体，并具有数据更新维护机制的数据平台。

(7) 现代物流信息系统。 在广州电子口岸和南方物流信息平台的基础上，继续做好先进科技应用于物流业工作。

(8) 物联网。 努力研究交通运输车辆编码标准，运用物联网技术建设车联网和车信网，实现交通要素的有效通信和互联。如研究交通运输海量信息处理、分析、管理和服务技术，为交通对象、交通工具、交通基础设施的智能化互动、交通系统智能决策提供理论和技术支持，实现城市交通系统功能自动化和运行最优化。

(9) 北斗卫星导航技术。 优先开发和应用北斗卫星导航技术，支持我国自主发展、独立运行的全球卫星导航系统。在现已建成的城市公交、出租车、重点营运车辆、应急指挥车辆上示范应用北斗卫星导航系统，通过建设统一的卫星导航系统功能标准，整合卫星导航系统在交通相关方面的功能应用，引导北斗卫星导航系统和其他应用终端的兼容发展。

(10) 交通信息采集技术。 在浮动车技术基础上，积极应用射频识别技术、视频交通信息采集技术以及基于手机的交通信息采集技术，进一步拓宽采集交通信息的信息源、信息种类和技术深度。如研究试点 RFID 应用技术实现电子车牌、电子证照对车型分类，采集丰富的车辆属性信息。